Helga Urban

Mein Garten
Ein Geben & Nehmen

Inhalt

Vorwort 4

Der Garten – ein Geben und Nehmen 6
Ein Garten macht flexibel 8

Mein Garten und ich – eine besondere
Beziehung 12
Kein Platz für Schwermut 14

Wie alles anfing 18
Schneewittchen im August 19
Eine einzige Kamelie 20
Gartenplanung? Oder nicht? 24
Eine weiße Kletterrose 29
Exquisite Schönheiten – Päonien 33
Ein weiter Weg 39
Einen Fuß in der Tür 42

Entdeckungen 45
Die Freude am Kleinen ... 46
Popcorn vom anderen Ende
der Erde 49
Glyzinen – ein Kapitel für sich 55
Jack in the green 62
Ein Wunsch geht in Erfüllung 66
Klein, aber oho! 70
Der Garten – ein Abenteuer! 75
Neid – etwas ganz und gar Überflüssiges 81
„Providurium" 84

ETWAS FÜR DIE SEELE 88
Der Garten als Ort der Erinnerung 89
Schön, aber gefährlich 94
Frühling – endlich wieder leben 100
Den Herbst positiv erleben 103
Winterzeit – Ruhezeit? 108
Februar – geteiltes Leid 113
Alle Wetter 117
Selbst wenn ich es mir nur einbilde ... 120
Und bist Du nicht willig, ... 123
Ein Stückchen heile Welt 127
Ein bisschen Glamour 130

EIN STÄNDIGER LERNPROZESS 134
Es ist noch kein Meister vom Himmel gefallen 135
Einkaufsrausch 138
Die liebe Not mit den Namen 142

MUT ZUR EIGENEN COURAGE 146
So und nicht anders 146
Geteilte Freude ... 152
Erst geben ... 155

ETWAS KLÜGER WERDEN 158
Gegen die Zweifel angehen 159
Glücklich und zufrieden 167

Einige Pflanzen auf die Schnelle 174
Adressen, die Ihnen weiterhelfen 180
Weiterführende Literatur 183

Vorwort

„Weiß, duftend, Seelenbalsam". Unter dieser Überschrift war im April 2014 in der „Frankfurter Allgemeinen Sonntagszeitung" ein ganzseitiger Beitrag über meinen Garten erschienen. Darin hieß es: „Gärten müssten viel mehr zur therapeutischen Arbeit genutzt werden. Denn es gibt doch nichts Schöneres, als mit den Händen in der Erde etwas zu schaffen, was dann wächst und gedeiht. (…) Ich selbst habe mich, in einer persönlich stark belastenden Situation befunden. Mir hat der Garten Kraft gegeben, den privaten Stress durchzuhalten. (…) Heute gebe ich dem Garten das an Energie zurück, was er mir damals gegeben hat. Ich bin überzeugt, es gibt eine Wechselwirkung zwischen Pflanzen und Menschen."

Daraufhin fragte mich der Verleger Matthias Ulmer, ob ich mir vorstellen könnte, über dieses Geben und Nehmen im Garten ein Buch zu schreiben. Ich konnte. Über die Parallele zum täglichen Leben. Grenzen und Möglichkeiten zu erkennen, mit Veränderungen und auch Verlusten umzugehen, etwas zu haben, das wir versorgen können. Der Garten gibt unseren Einsatz um ein Vielfaches zurück. Durch Trost und Ruhe und überwältigend viel Freude. Er ist ein wahrer Jungbrunnen. Man freut sich auf das nächste Jahr. Sogar auf die nächsten Jahre. Ein Planen im Voraus, kein Denken: Das lohnt sich nicht mehr.

Ich habe bei mir selbst eine größere Freude an den Dingen des Lebens festgestellt, seit ich mich mit meinem Garten beschäftige. In einzelnen Geschichten, Erlebnissen mit Pflanzen und Erkenntnissen möchte ich Sie an meiner Begeisterung teilhaben lassen. In der Hoffnung, dass ein Funke überspringt. Und immer zieht sich wie ein roter Faden der Vergleich mit Situationen außerhalb des Gartens durch die Geschichten.

Irgendwann einmal, früher oder später, suchen vielleicht auch Sie eine neue Aufgabe, eine Herausforderung, eine Bestätigung – und eine immerwährende Freude. Glauben Sie mir, alles das können Sie im Garten finden.

Helga Urban

Der Garten – ein Geben und Nehmen

Etwas nach eigenen Wünschen zu gestalten und zu versorgen – wo ginge das besser als im Garten? Früher oder später ist die Familienplanung abgeschlossen, die Kinder sind flügge und finden unser „Bemuttern" äußerst lästig. Wir aber – wo sollen wir hin mit unseren überschüssigen Gefühlen? In den Garten. Hier können wir endlos Leben produzieren, wir können großziehen und erziehen: Sämlinge, Stecklinge, junge Pflanzen, bis sie kräftig genug sind, alleine weiterzuleben. Ich kann Ihnen versichern, das ist dankbarer und weitaus weniger frustrierend. Denn nichts, aber auch gar nichts gibt Aufmerksamkeit, Fürsorge und Liebe mehr zurück als der Garten. Mit großer Dankbarkeit.

Der Unterschied zu den Kindern liegt darin, dass der Garten nicht nur nimmt, sondern auch gibt. Ganz allmählich entsteht eine wechselseitige Beziehung, die idealerweise spiralförmig nach oben verläuft und kein Ende kennt. Allein bei jedem Wetter draußen zu sein härtet ab und wirkt sich positiv auf den Körper aus. Aber nicht nur auf den Körper, auch auf die Seele. Wie das Wetter auch sein mag, ich tröste mich immer mit dem Gedanken, dass es zu irgendetwas gut ist. Körper, Seele und

Geist werden gleichermaßen angesprochen. Wo gibt es das sonst?

Ich tue mich schwer mit dem Wort „gärtnern". Gärtnern wird in unserer Kultur oft belächelt, nicht ganz ernst genommen, als nette Beschäftigung abgetan. Im „Wahrig" („Deutsches Wörterbuch") ist es beschrieben als „aus Liebhaberei im Garten arbeiten". „Liebhaberei" trifft bei mir selten zu, eher – „im Garten arbeiten". Das englische „gardening" hört sich ernst zu nehmender an. Aber wir sind nun einmal im deutschsprachigen Raum.

Der Garten, und sei er noch so klein, bietet UNGEAHNTE MÖGLICHKEITEN. Ihn zu gestalten und sich zu entfalten. Und Grenzen. Die zu erkennen will gelernt sein, die eigenen genauso wie die des Gartens. Und dann zu handeln. Das erfordert Kraft, Vorausschauen, Mut, Flexibilität und eine Menge Fantasie. Auch Geduld (ein langer Lernprozess für mich), Verantwortung, Aufmerksamkeit und Liebe. Ich bin fest davon überzeugt, dass Pflanzen merken, ob sie geliebt werden oder nicht. Meistens beruht Liebe auf Gegenseitigkeit. Eine Antipathie auch.

Der Garten gibt unendlich viel zurück. Ich meine jetzt nicht Kirschen, Erdbeeren und Tomaten. Das auch. Was ich meine sind größere Schätze, die man nicht kaufen kann: unglaubliche Freude beim Entdecken des ersten Schneeglöckchens, Erfolgserlebnisse, wenn zum Beispiel ein Samen keimt, Ruhe und Befriedigung nach einem langen Arbeitstag im Garten, und Trost. Wenn ich traurig bin, gehe ich in den Garten. Ich habe auch schon einmal mit einer Rose einen Pakt geschlossen. Wir mickerten beide gleichermaßen. „Du und ich, wir schaffen das!", erklärte ich ihr. Wir haben das geschafft.

Auch finde ich es viel spannender, durch den Garten zu schlendern, als durch Geschäfte. Im Garten entdecke ich mehr, was mir gefällt, sogar das ein oder andere bisher Verborgene. Geteilte Freude ist doppelte Freude. Zumindest fühlt es sich ausgesprochen gut an. Ob es nun ein Pflänzchen ist, das man verschenkt, eine Erfahrung, die man weitergibt, oder ob man den Garten für Besucher öffnet.

Ein Garten macht flexibel

Der Garten lebt. Und zum Leben gehören nun einmal nicht nur Höhepunkte. Auch Anstrengungen, Entbehrungen, Traurigkeit, Verluste, Tiefen und Frust gehören dazu. Ich habe gelernt, mühsam oft, damit umzugehen. Und letztendlich etwas darin zu sehen. Ein notwendiger Wechsel, der stetige Wandel, macht den Garten interessant. Einen Stillstand gibt es nicht, der wäre ja ein Schritt zurück.

„Ewiges ist nicht auf Erden
Als der Wandel, als die Flucht."
(Hermann Hesse)

Der Garten gibt uns die Möglichkeit, fast möchte ich sagen, er zwingt uns, mitzuhalten, auch wandlungsfähig zu sein. Und nicht an einem Punkt stehen zu bleiben oder auf einer festgefahrenen Meinung zu beharren.

Ein guter Gartengestalter kann einen Garten perfekt planen und anlegen. Er kann allerdings nur so gut sein, wie Sie ihn lassen. Er wird Ihnen Ihren Traumgarten schaffen, ob nun minimalistisch im japanischen Stil oder auch einen romantischen Rosengarten. Dem Garten die Seele einhauchen, das können nur Sie selbst. Mir sagte einmal jemand, der mich ein bisschen kennt: „Genauso habe ich mir Ihren Garten vorgestellt. Sie passen zusammen."

Hepatica 'Hakurin'

Die Beziehung zwischen Ihrem Garten und Ihnen kann niemals „pflegeleicht" sein. Es sei denn, sie ist gleichgültig. Wenn früher oder später Ihr Garten und Sie „zusammengewachsen" sind, werden Sie feststellen, dass Sie niemals von Ihrem Garten getrennt sind – egal, wo Sie sich befinden. Das muss nicht nur dann sein, wenn Sie auf Pflanzenjagd sind. Ich finde es immer verblüffend, dass es mir gelingt, mich in meinen Garten zu versetzen und ihn mir vorzustellen. Das geht auch mit den Jahreszeiten: An einem eiskalten, unwirtlichen Januartag einen blühenden, duftenden Frühlingsgarten vor Augen zu haben, ist ein überwältigender Genuss.

Wir sind gewohnt, uns selbst zu schützen: vor Kälte und vor Hitze; vor Regen und Sonne; vor Hunger und Durst; vor Krankheiten und allen möglichen Widrigkeiten. Und unsere Pflanzen? Sie sollten wir eigentlich noch besser schützen. Wenn wir Nahrungssorgen haben, können wir an den Kühlschrank gehen, wenn wir frieren, ins Warme. Das können Pflanzen nicht. Die sind auf uns angewiesen. Ob sie sich wohlfühlen, liegt an uns.

Bin ich noch jung genug?

Ein ganz besonderer Genuss ist die Planung. Und für den Gärtner ist das sogar ein Muss. Man denke nur an das Blumenzwiebelnstecken im Herbst, an die äußerst unterhaltsamen Samenkataloge, die im Winter eintreffen und zumindest mich maßlos werden lassen. Wenn man irgendwann Zeit und Muße und das Bedürfnis hat, sich einem Garten zu widmen, ist man fast immer nicht mehr so jung, wie man einst war. Und unwillkürlich fragt man sich: Lohnt es sich eigentlich noch, ein Bäumchen zu pflanzen? Kann ich warten, bis der Sämling (der sich erst nach einem Jahr bequemte, zu keimen) vielleicht nach endlosen acht Jahren das erste Mal blüht? Es lohnt sich immer. Allein zu beobachten, wie etwas entsteht und sich weiterentwickelt – auch wenn ich die endgültige Größe nicht mehr erleben sollte. Na und?

Die Kinder sind aus dem Haus, der Beruf erfordert vielleicht nicht mehr so viel Engagement – für viele Frauen eine völlig neue Situation. In dieser Lebensphase ist es notwendig, sich neu zu orientieren. Ohne Aufgabe wird der Mensch unzufrieden. Und eine Aufgabe, die mich gleichermaßen fordert, ja herausfordert, und so viel Freude und Spaß mit sich bringt, wirkt ausgesprochen verjüngend. Womit wir wieder beim Garten wären:

Ein Weiser hat es mal so ausgedrückt: „Gärten brauchen Gärtner, und Gärtner brauchen Gärten."

Mein Garten und ich – eine besondere Beziehung

Über 30 Jahre ist es jetzt her, als ich vor Begeisterung einen Freudentanz vollführte und rief: „Hurra, ein eigener Garten!" Ein Garten, in dem ich tun und lassen kann, was ich will, mir keiner etwas vorschreibt und in dem ich mich austoben kann mit meinen Ideen. Endlich. Ich habe lange darauf gewartet. Ein Haus hätte ich nie gebraucht. Wir – das heißt mein Mann und ich – haben sozusagen den Garten trotz des Hauses gekauft. Einen Nordgarten in der Großstadt, Frankfurt am Main, mit zwei außer Form geratenen Eiben, zwei riesigen, düsteren Lebensbäumen, Kirschlorbeer, der nicht wusste, ob er Strauch oder Baum werden sollte, und Cotoneaster. Berge von *Cotoneaster*. Das war es. Ungeahnte Möglichkeiten – herrlich. Und Arbeit – weniger herrlich. Ich habe noch nie den Kopf in den Sand gesteckt, sondern immer die Ärmel hochgekrempelt. Und dann war es geschafft, das Gröbste. Ein tolles Gefühl. Nur, was mache ich denn jetzt? Der Garten ist fertig. Ich zwar auch. Aber kann es das gewesen sein? – Fertig? Oh Gott, war ich naiv.

Das war nicht das Ende, das war der Anfang einer Partnerschaft. Wir sind gewachsen, der Garten und ich. Und wir wachsen immer noch, immer mehr zusammen. Wir haben uns immer besser kennengelernt. Wir wissen inzwischen über unsere Vorlieben Bescheid, was wir mögen und nicht mögen, worüber wir mit uns reden lassen und was wir auf keinen Fall tolerieren. Es ist nicht viel anders als zwischen zwei Menschen. Auch hier geht es nicht ohne Rücksicht, nicht ohne Nachsicht und Einsicht. Ohne ein Geben und Nehmen – das kann einfach nicht funktionieren. Das funktioniert auch nicht, ohne dass einer von beiden früher oder später aufgibt.

Wir, mein Garten und ich, haben uns arrangiert. Wir haben beide nicht aufgegeben. Wir haben gekämpft, miteinander, gegeneinander. Und beide eingesehen, wenn der andere im Recht und ein Kampf sinnlos war und die Mühe belohnt werden musste. Nachgeben, zurückstecken, die Bedürfnisse des anderen – in diesem Fall des Gartens, aber nicht nur – verstehen und akzeptieren. Ja, das musste ich erst lernen. Ich kann wirklich nicht behaupten, dass es leicht war und schnell ging. Schon gar nicht ohne Schmerzen.

Keine Pflanze wird ein Prachtexemplar mit überirdisch schönen Blüten, nur weil ich es will. Sie denkt nicht im Traum daran. Pflanzen geben zwar keine Widerworte, ich muss auch nicht mit ihnen diskutieren. Was einfach wunderbar ist. Als absoluter Anfänger mit überschäumender Begeisterung, nicht zu bremsendem Eifer und vor allem aus Unwissenheit habe ich die falsche Pflanze an die falsche Stelle, in den falschen Boden zur falschen Jahreszeit gesetzt. Meistens war das Ergebnis niederschmetternd. Aber nicht immer. Doch davon später.

„Todesfälle" im Garten habe ich genug erlebt. Oft wusste ich, warum, oft auch nicht. Dass ein Rhododendron auf verdichtetem Boden mit Staunässe in praller Sonne nicht glücklich werden kann, hatte ich bald gelernt. Aber warum Erika & Co. es anscheinend hassen, bei mir im Garten zu sein, ist mir bis heute schleierhaft. Trotz idealer Bedingungen, zwischen Kamelien und anderen Moorbeetpflanzen, sahen sie immer aus, als täten sie sich selbst leid. Gestern habe ich mich von der letzten getrennt. An den Gärtnereien kann es nicht gelegen haben, denn ich hatte die verschiedensten Arten und Sorten von den verschiedensten Quellen. Offensichtlich stimmt bei uns beiden die „Chemie" nicht. Da alle meine Pflanzen Schildchen haben, dauerhaft von mir gehämmert, wie zu Gutenbergs Zeiten, wurde durch die entfernten der Bestand in meinem „Leichenschauhaus" mit der Zeit beträchtlich. Trauer im Garten, auch die gehört dazu. Aber jedes Ende ist auch ein Anfang. Wenn das eine nicht geht, geht etwas anderes umso besser. Auf viele Ideen wäre ich wahrscheinlich ohne Verlust gar nicht gekommen. So haben wir, der Garten und ich, uns gegenseitig hochgeschaukelt und gelernt, uns zu respektieren.

Kein Platz für Schwermut

November. Dunkler, trister, nasser und ungemütlicher könnte es nicht sein. Vor meinem „Gartenleben" war das für mich der schrecklichste Monat. Verkriechen, im Süden überwintern, auswandern oder resignieren? Und heute? Nun, ich kann nicht gerade behaupten, dass ich mich elf Monate lang auf den November freue. Aber den Schrecken hat er für mich verloren. Die Herbstkamelien blühen noch. *Viburnum tinus*, der Immergrüne Schneeball, hat angefangen zu blühen, und ich habe das erste Veilchen entdeckt. Und erst die Knospen – deutlich sichtbar, vielversprechend für das kommende Jahr. Ob nun Kamelien oder Strauchpäonien. Es ist so schön, so aufbauend, in einer Zeit, in der sich vermeintlich alles verabschiedet, gleichzeitig etwas zu haben, das sich entwickelt und das wächst. Vergangenheit und Zukunft in einem.

Wie alt ich an Jahren bin, wissen viele. Warum auch nicht? Ein Geheimnis mache ich nicht daraus. Es amüsiert mich, wenn bei einem Interview krampfhaft nachgerechnet wird, statt direkt zu fragen. Nur, das Alter sagt nichts aus darüber, wie alt ich mich fühle. Ich möchte jetzt nicht von Tagen reden, wenn ich nach einer Großaktion im Garten kaum wieder in die Senkrechte komme und müde und krumm aus dem Garten schleiche. Nein, gewisse Arbeiten haben eine ausgesprochen verjüngende Wirkung. Blumenzwiebeln im Oktober – ein wahrer Jungbrunnen. Die Bestellungen liegen ja meist schon eine Weile zurück. Obwohl säuberlich abgeheftet, vergesse ich sie regelmäßig – besonders wie viel ich da wieder geordert habe. Oder will ich sie vergessen, damit die Überraschung größer ist? Mit den Zwiebeln kommt die Erinnerung, an die Vorfreude, das Auswählen vor Monaten, und nun das In-die-Erde-Bringen und Zudecken. „So, ihr Lieben, das nächste Mal, wenn wir uns wiedersehen, ist Frühling." Was ich im Herbst nicht in die Erde stecke, kann im Frühling nicht herauskommen. Außer Unkraut! Die Erwartung, der feste Glaube an die Wiederkehr des Frühlings, lässt mich die kalte Jahreszeit leichter überstehen. Ich freue mich auf das nächste Jahr. Sogar auf die nächsten Jahre.

Wie schön, ich werde gebraucht

An dem englischen Sprichwort: „Der Schatten des Eigentümers ist der beste Dünger" ist viel Wahres. Im Hochsommer, wenn ich denke, meine Kamelien benötigten jetzt etwas weniger Zuwendung – die Vegetationszeit ist vorbei, Blatt- und Blütenknospen für das nächste Jahr sind schon sichtbar – so denke ich das allein. Die Kamelien anscheinend nicht. Prompt bekommen sie etwas, um meine Aufmerksamkeit auf sich zu lenken. Meistens so etwas Fieses wie Wollläuse. Wasche ich sie dann ab, Blatt für Blatt, haben sie ihre eingemahnten Streicheleinheiten be-

kommen und sehen wieder glücklich aus. Sie fühlten sich einfach vernachlässigt.

Ich lasse meine Pflanzen nicht oft allein. Und wenn, dann meistens nur für Tage. Für Pflanzenausstellungen. Um „Kollegen" zu kaufen. Sie werden während meiner Abwesenheit professionell versorgt, und doch sehen sie bei meiner Rückkehr in höchstem Maße beleidigt aus, vorwurfsvoll schauen sie mich an. Dabei hat es ihnen doch an nichts gefehlt. Oder doch? An meiner Liebe, vielleicht auch an meiner Androhung von Strafmaßnahmen? Wer weiß? Jedenfalls ist es für mich ein schönes Gefühl, erwartet und gebraucht zu werden.

Trost und Kraft in schweren Zeiten

Als ich stolze Besitzerin meines beziehungsweise unseres kleinen Gartens wurde, war das gleichzeitig der Tiefpunkt meines Lebens. Alles kam eigentlich anders als geplant. Wenn ich abends nach Hause kam, müde und ausgelaugt, warteten eine Menge Probleme auf mich, Generationsprobleme – und der Garten beziehungsweise die Andeutung eines Gartens. Aber die wenigen Minuten in diesem Garten, der erst einer werden sollte, haben mir Kraft gegeben, diese schwierige Phase durchzustehen. Und diese Kraft gebe ich heute dem Garten zurück. Er dankt es mir, durch sein Verhalten, durch sein Bemühen, mich glücklich zu machen. Wo gibt es das sonst?

Wie alles anfing

„Und jedem Anfang wohnt ein Zauber inne (...)"
(Hermann Hesse)

Die Handwerker waren noch und wir noch nicht im Haus. Die Nerven, soweit noch vorhanden, lagen blank. Und ich musste irgendetwas anderes tun als zu putzen, Heizungen zu streichen und mir Sorgen über Berge von Rechnungen zu machen. Also Garten. Was heißt Garten? Der Vorgarten bestand aus struppigem Rasen und Mülltonnen. Er schrie förmlich nach wenigstens einem kleinen bisschen Verschönerung.

Wir hatten vorher eine Mietwohnung im Erdgeschoss mit Balkon, der in über zehn Jahren keinen Platz zum Sitzen bot, so viele Pflanzen hatte ich in Töpfen. Davor ein Streifen Erde von 60 Zentimeter mal 120 Zentimeter. In dem ein kleines 'Schneewittchen' sein Leben fristete. Anders kann ich es leider nicht ausdrücken, denn das Röschen war ständig den Abgasen von ein- und ausfahrenden Autos ausgesetzt. Es zurückzulassen wäre sein sicherer Tod gewesen. Also, dachte ich, wir zwei können nur gewinnen.

Schneewittchen im August

30 Grad im Schatten, in strahlender Sonne einiges mehr. Der Vorgarten Südseite. Und dort sollte die kleine Rose hin. August, die absolut ideale Zeit, mit kaum zu überbietenden Bedingungen, um eine Rose zu verpflanzen. Ich hoffe sehr, Sie nehmen meinen letzten Satz nicht ernst. Schlechtere Startbedingungen konnte das arme Ding nicht haben. Obwohl ich zu meiner Entschuldigung sagen kann, das Loch war optimal, tief genug und gelockert. Sogar die Veredelungsstelle kam in die Erde. So viel wusste ich immerhin.

Aber was tat 'Schneewittchen'? Das, was es tun musste und was ich an seiner Stelle wahrscheinlich auch gemacht hätte. Es ließ, trotz Wasser, die Fittiche hängen und lag schlaff und platt am Boden. Ich wollte nicht aufgeben, auch wenn die Chance noch so klein war. Mit dem Mut der Verzweiflung habe ich es nahe am Boden zurückgeschnitten und gewässert, gewässert ...

An Weihnachten hat es geblüht. Eigene weiße Rosen am Heiligen Abend auf dem Tisch, das war mir weder davor noch jemals danach wieder vergönnt. Das ist jetzt etwa 30 Jahre her. Als ich das 'Schneewittchen' umpflanzte, war es 13 Jahre alt. Es ist nicht mehr das einzige, aber mit Abstand das älteste – und das schönste. Ein wahres Prachtexemplar. Selbst Herr Kordes von der Züchterfamilie konnte es kaum glauben, als er uns einmal während der Frankfurter Buchmesse (im Oktober!) besuchte und sagte: „Was, das soll mein 'Schneewittchen' sein?"

Ich glaube, diese Rose hat sich gefreut, nicht zurückgelassen worden zu sein, war dankbar und hat sich erkenntlich gezeigt. Das geht natürlich nicht, wenn Sie nach solch einer Aktion drei Wochen in Urlaub fahren und den unter Schock stehenden Patienten seinem Schicksal überlassen. Aber wenn Sie Begeisterung, Energie, Zeit und Durchhaltevermögen aufbringen, dann kann das unmöglich Scheinende doch möglich werden. Was war es denn bei mir? Ein aussichtsloses Unterfangen? Blinder Eifer? Nein, ein Versuch, eine Herausforderung. Gekrönt von Erfolg mit einer großen Portion Glück.

Es gab viele Aha-Erlebnisse, viele Fehlschläge, besonders zu Anfang meines Gärtnerlebens. Und an was erinnere ich mich? An das Schöne und an die Katastrophen. Aber kaum an das Langweilige und Uninteressante.

Eine einzige Kamelie

Der Beginn einer großen Leidenschaft. Ich könnte es auch Sucht nennen, denn Kamelien haben eindeutig Suchtpotenzial. Warum auch nicht? Ich rauche nicht, ich trinke nicht, und die sonstigen Laster halten sich in Grenzen. Finde ich jedenfalls. Also darf auch ich ein bisschen maßlos sein. Oder nicht?

Aber der Reihe nach. Von Sucht und Maßlosigkeit konnte anfangs wirklich keine Rede sein. Eher von Frust. Zum Einzug bekamen wir eine kleine, weiß blühende Kamelie geschenkt. Wohlgemerkt: im November. Ich war begeistert. Entzückend blühend, und das im November. Kamelien hatte ich bisher nur mit dem Roman „Die Kameliendame" und der Oper „La Traviata" in Zusammenhang gebracht. Und nun die Pflanze. Ich wusste nicht, was sie braucht. Was sie gar nicht mag, lernte ich nur zu bald zu erkennen. Einschlägige Literatur fand ich nicht, bis mir meine große Ratgeberin, Marianne Beuchert, die bekannte Floristin, Gärtnerin und Gartenbuchautorin, den Tipp für ein Buch gab. Es war schwierig zu beschaffen, aber wo ein Wille ist, ist bekanntlich ein Weg. Peter Fischer war der Kamelienexperte. Das fachlich interessante, für mich jedoch völlig unverständliche Buch war für mich nur frustrierend. Kamelien brauchen Halbschatten, sauren Boden, Luftfeuchtigkeit, Kühle, dürfen keinen Frost abbekommen und so weiter. Das Letztere ginge ja, im Schlafzimmer vor der Balkontür, innen. Doch Luftfeuchtigkeit im Schlafzimmer? Ich wollte schließlich nicht, dass mir die Tapeten von den Wänden fielen. Also stellte ich Schalen mit Wasser um den Topf, sorgte für frische Luft, aber keine Zugluft, stellte die Heizung aus, riskierte einen Ehekrach und wurde für mehr oder weniger überdreht gehalten.

Und was tat das undankbare Ding? Zuerst fielen die halb geöffneten Blüten ab, dann die restlichen Knospen. Und als wäre es damit nicht genug, auch noch die Blätter. Alle! Und nicht etwa frisch und grün, um mir wenigstens den Anblick des Vergehens zu ersparen. Nein, erst wurden sie teilweise braun, dann ganz, dann trocken. Schön langsam. Hatte ich das verdient? War das der Lohn für meine Geduld, für mein Bemühen? Ich fühlte mich so richtig gemein behandelt.

Nun gut, das war's. Ein Versuch. Übrig blieb ein blattloses Gerippe, reif für den Müll. Den Topf mit selbigem Gerippe hatte ich in die letzte Ecke des Gartens gestellt und vergessen. Kamelie, das Thema war erledigt. Zu der damaligen Zeit war ich ganztags berufstätig, kam erst im Dunkeln nach Hause und habe folglich den Garten selten im Hellen gesehen. Außerdem stürzten dann erst einmal genug andere Probleme auf mich ein. Über ein Jahr später im Frühling sagte mein Mann: „Sag einmal, was blüht denn eigentlich dahinten in der Ecke?" „Wo?" „Ja, unter dem Baum." „Da kann nichts blühen." Erst wusste ich gar nicht, was das war. Ich dachte, ich sehe nicht richtig: die Kamelie. Mit einer Blüte, mehreren Knospen, grünen Blättern, sogar etwas größer. Das kann doch nicht sein. Leide ich durch Überbelastung schon an Halluzinationen, sehe ich Dinge, die nicht da sind? Oder hatte mein Mann Osterhase gespielt? Nein, so viel Fantasie hat er nicht.

Die Kamelie stand bei Wind und Wetter draußen, ungeschützt, nicht gewässert, nicht gedüngt, nicht beachtet – völlig sich selbst überlassen. Alles was ich vorher an Mühe aufgewendet hatte, so einfach in den Wind zu schlagen, war das fair? Offensichtlich war alles falsch, was ich mit ihr gemacht hatte. Nur was? Jetzt wollte ich es wissen. Mein Interesse war geweckt.

Es war, wie gesagt, der Beginn einer großen Leidenschaft, und ein Ende ist nicht in Sicht. Inzwischen, etwa 30 Jahre später, weiß ich, das arme Ding konnte nicht anders in meinem Schlafzimmer. Einen Rhododendron stelle ich ja auch nicht dorthin. Früher, vor hundert Jahren, mag die Aussage gestimmt haben, Kamelien seien Zimmerpflanzen. Da hatte man auch andere Zimmer, der Weihnachtsbaum hielt sich bis Ostern und zwischen den doppelten Fenstern war es feucht und kühl. Ein idealer Platz für Kamelien in Töpfen. Aber heute, in unseren überheizten Räumen, nach Möglichkeit noch am Südfenster über der Heizung – da ginge auch ich ein, wenn ich Kamelie wäre. Nur, warum hat mir das keiner vorher gesagt?

Eine Herzensangelegenheit

Heute sind die Kamelien meine anspruchslosesten Pflanzen. Ausgepflanzt, im Garten, die richtige Sorte, am richtigen Standort, richtig gepflanzt. Ich hatte es gelernt. Bei meinen Vorträgen habe ich früher immer gesagt: „Wir haben in unserem Garten etwa doppelt so viele Kamelien wie Rosen. Wenn ich die Arbeit, die ich mit beiden Gruppen habe, in eine Relation zueinander stelle, dann habe ich 10 Prozent der Arbeit mit den Kamelien und 90 Prozent mit den Rosen." Das ist nicht übertrieben. Die Zahl der Kamelien wächst bei uns in gleichem Maße, wie die

---

Camellia yuhsienensis

der Rosen abnimmt. Übrigens die allererste, *Camellia japonica* 'Shirobotan', habe ich immer noch. Sie hatte es auf die Titelseite des ersten Kamelienbuchs, das ich geschrieben habe, geschafft, ist inzwischen zwei Meter hoch und muss leider etwas schmaler geschnitten werden, da sie direkt am Hauseingang steht. Auf meiner Favoritenliste hat sie einen Spitzenplatz. Durch so viel Lebenswillen hat sie mein Herz erobert. Irgendwo habe ich mal gelesen:

„Große Gartenfreunde werden gemacht, nicht geboren. Und die Kraft dazu gewinnt man durch Fehlschläge genauso wie durch Erfolge."
Wie wahr!

Gartenplanung? Oder nicht?

Die Begeisterung über den eigenen Garten ist groß, die Freiheit, nach eigenen Vorstellungen zu gestalten, scheint grenzenlos zu sein. Ist die anfängliche Euphorie erst einmal verflogen, kommt das Erwachen. Nicht unbedingt das böse, vielmehr das realistische. Ein Zuviel an Möglichkeiten kann leicht zu einer Blockade führen. Man sieht dann den Wald vor lauter Bäumen nicht mehr. Und wenn Sie zu den Menschen gehören, die sich schlecht entscheiden können, wird es problematisch. Das ist ja nicht nur im Garten so. Manche sitzen ewig vor einer Speisekarte, bevor sie sich entscheiden. Nur um dann festzustellen, dass sie doch lieber etwas anderes gegessen hätten. Ich entschließe mich immer sehr schnell, und wenn es doch das Falsche war – so tragisch ist das nicht. Auch im Garten nicht.

Selbst ein kleiner Garten ist eine endlose Aufgabe. Aber vielleicht möchten Sie erst einmal ganz klein anfangen, zum Üben sozusagen. Das meine ich ernst. Ein Balkonkasten, der das ganze Jahr über attraktiv aussieht, kann durchaus eine Herausforderung sein. Es gibt keine Einstiegsbeschränkung. Sie müssen sich nur selbst beschränken, denn die Vielfalt ist unglaublich groß. Oder: Der Garten ist vorhanden. Sie waren die ganze Zeit der Meinung, er ist fertig. Und plötzlich wurden Sie aus Ihrem Paradies vertrieben. Vielleicht durch eine Zeitschrift, ein Buch oder den Besuch eines anderen Gartens. Oder durch den Wunsch nach etwas Neuem, weil sich der Geschmack geändert hat oder Sie einfach mehr Zeit haben, die Sie im Garten verbringen möchten.

All das sind Gründe, uns voller Elan in den und auf den Garten zu stürzen. Alleine, heißt das Zauberwort. Das kann ich alleine, das schaffe ich alleine. Auf geht's! Bevor Sie aber einen Garten planen, und sei das Fleckchen noch so klein, ein Tipp: Seien Sie schonungslos ehrlich mit sich selbst. Versuchen Sie nicht, gegen Ihr Naturell zu planen. Wenn Sie sehr ordentlich sind und kein Blättchen liegen sehen können, werden Sie sich mit einem romantischen Garten mit nostalgischen Rosen und vielen Stauden schwertun. Neigen Sie dagegen eher zum Träumen oder sind Sie auch etwas chaotisch, werden Sie kaum in einem klar durchgestylten oder minimalistischen Garten glücklich werden. Es sei denn, Sie wollten sich ändern. So wie ich. Das heißt, ich wollte das nicht bewusst. Ich gehöre eigentlich zu den allzu ordentlichen Typen, weshalb ich mich für eine zwanglose – begrenzt allerdings – Gestaltung entschieden habe. So empfinde ich nicht gleich jedes liegen gebliebene Blatt als persönlichen Angriff, auf den ich sofort reagieren müsste.

Rudyard Kipling, ein englischer Schriftsteller, hat „Das Dschungelbuch" geschrieben und einiges mehr. Unter anderem stammt folgender Satz von ihm: „Ein Garten entsteht nicht dadurch, dass man im Schatten sitzt." Wie wahr. Besonders ich hatte anfangs gar keinen Schatten, in den ich mich hätte setzen können. Jetzt habe ich zwar welchen, aber noch nie Zeit gehabt, mich hineinzusetzen. Auch keine Lust.

Bestandsaufnahme! Oh Gott, was wuchs denn da überhaupt? Inzwischen war es Winter, alles kahl, was mir nicht gerade eine Hilfe war. Ob es mir viel genutzt hätte, wenn alles grün gewesen wäre, bleibt dahingestellt. So hatte ich eine nahe gelegene Baumschule beauftragt, sich das Ganze mal anzuschauen. Der Herr kam auch. Und ich wurde immer kleiner und stiller, bis ich gar nichts mehr sagte. In einem fort ging es: „Das ist eine *Syringa vulgaris*, eine *Thuja occidentalis*, ein *Taxus baccata*, *Pyracantha* …". „Halt, können Sie mir das bitte auf Deutsch sagen?" „Nein", brummte er, „entweder Sie lernen das oder Sie vergessen es." Nun, ich habe es gelernt. Aber zunächst war ich ganz schön geschockt. Ich fand das ziemlich unverschämt und unfreundlich. Das zu mir. Inzwischen habe ich viele Gärtner kennengelernt, anfangs sind die meisten so. Aber wenn sie uns dann ein bisschen ernst nehmen …

Eine wundervolle Überraschung

Nach dieser ernüchternden Erfahrung habe ich mich in das Abenteuer Garten gestürzt. Ich habe aus meinen eigenen Fehlern gelernt, oft schmerzlich. Learning by Doing. Nicht die schlechteste, aber auch nicht die einzige Art, zu einem Garten zu kommen. Alles, was ich heute rate, habe ich selbst ganz anders gemacht. Voller Elan, voller Begeisterung und besonders voller Unkenntnis habe ich gekauft, gepflanzt und abgewartet. Vieles ging daneben, doch manches, was nach Ansicht von Experten danebengehen musste, tat es eben nicht und erfreut sich noch heute bester Gesundheit.

Als ich mich anschickte, das Buch „Ein Garten der Düfte" zu schreiben, entdeckte ich in einer kleinen, auf duftende Exoten spezialisierten Gärtnerei, die es leider nicht mehr gibt, eine mir völlig unbekannte Kletterpflanze mit einem süßen, weichen Hopfenduft. Der war so intensiv, dass ich mit der Pflanze in einer umwerfenden Duftwolke nach Hause fuhr. Diese aus China stammende *Dregea sinensis*, deren Mindesttemperatur mit fünf Grad angegeben wurde, habe ich im Vorgarten an die Südwand gepflanzt. Für einen Sommer, dachte ich. Einen Sommer wollte ich Freude daran haben, wollte sie beschreiben, fotografieren und in ihrem Duft schwelgen. Mehr ist bei unseren Wintern nicht drin, dachte ich. Das war 1995. Dann kam der extreme Winter 1996/97, mit 28 Frosttagen ohne Unterbrechung und Temperaturen bis minus 18 Grad. Aus! Von wegen. Was tat Fräulein *Dregea*? Sie fror zurück, um im Mai munter wieder auszutreiben. Ich habe sie jetzt über 20 Jahre. Ihre Wurzeln werden im Winter mit Tannenzweigen abgedeckt, sie friert regelmäßig zurück, was ein wahrer Segen ist, da sie wächst wie der Teufel – und dann auf ein Neues. Das zum Thema: geht nicht. Vieles ist einen Versuch wert. Ich konnte doch sowieso nur gewinnen.

Mein kleiner Garten ist ohne Plan entstanden, rein intuitiv. Die einzige Beschränkung war die Farbe Weiß und nichts anderes. Mein lang gehegter Traum nach einem weißen Garten wurde langsam Wirklichkeit. Heute ist er ein kleiner botanischer Garten en miniature. Das hört sich jetzt bestimmt sehr hochtrabend an. Aber es ist schon erstaunlich, wie groß die Vielfalt auf so einem kleinen Fleckchen Erde sein kann. Außerdem ist das für mich der schönste Arbeitsplatz, den ich mir denken kann. Und seit ich mich so intensiv mit dem Garten beschäftige, habe ich bei mir selbst eine viel größere Freude auch an den anderen Dingen des Lebens festgestellt. Und Gelassenheit.

Hurra, ich habe einen Garten!
Hilfe, ich habe einen Garten!
Möglichkeiten gibt es viele. Aber wie steht es mit den Grenzen? Eine Planung erfordert nicht nur Fantasie, sondern auch Vorausschauen und einiges Wissen. Harmonieren Pflanzen miteinander? Oder können sie sich nicht ausstehen? Das gibt es schließlich auch und ist sehr menschlich. Wie werden sie sich entwickeln? Leider bekommt man das in der Gärtnerei nicht immer deutlich genug gesagt. Sonst würde es nicht in so vielen Vorgärten riesige Tannen, Lebensbäume oder Magnolien geben. Die dahinter liegenden Zimmer sind selbst im Hochsommer bei strahlender Sonne nur mit Beleuchtung zu benutzen. Sie werden es nicht glauben, in unserer unmittelbaren Nachbarschaft steht ein *Sequoiadendron giganteum*, der Riesenmammutbaum, im Vorgarten. War bestimmt einmal ein netter kleiner Baum. Inzwischen beherrscht er unser gesamtes Viertel und wird von Jahr zu Jahr gigantischer. Mehr wächst auch nicht in dem Vorgarten, noch nicht einmal Gras. Was ich damit sagen möchte: Es werden viel zu viele „Löwenbabys" für „Kaninchenställe" verkauft. Als Laie fällt es schwer, sich die endgültigen Ausmaße vorzustellen. Auch fällt es schwer, sich vorzustellen, dass ein Garten nach der ersten Bepflanzung mindestens zwei bis drei Jahre braucht, um nicht mehr spartanisch auszusehen. Man ist geneigt, in die nächste Baumschule zu rasen, um schnellstens die Lücken zu füllen und der Armseligkeit ein Ende zu bereiten.

Bevor Sie verzweifeln, eine Menge Geld in den Sand setzen und mit dem Ergebnis doch nicht zufrieden sind – warum holen Sie sich nicht vorher professionellen Rat? Das spart Zeit, Geld und Frust. Für alle möglichen Situationen sonst im Leben läuft man sofort los, um sich Hilfe zu holen. Und für den Garten? Ich biete Beratung an, werde aber meistens erst gefragt, wenn das Ergebnis niederschmetternd ausgefallen ist, und mit den Worten empfangen: „Sie glauben gar nicht, wie viel wir dafür schon ausgegeben haben. Aber jetzt darf es nichts mehr kosten." Das hätte man einfacher und billiger haben können. Es ist ja nicht so, dass Sie danach nichts mehr zu tun hätten, wenn Ihnen jemand helfen würde. Der Garten ist kein fertiges Produkt, kein Bild, das man an die Wand hängt – nein, er ist ein endloser Prozess, eine endlose, beglückende Aufgabe. Auf Dauer, wenn Sie einige Regeln befolgt haben und andere (manchmal zu Recht) in den Wind geschlagen haben, dann werden Sie die wichtigste aller Regeln verinnerlicht haben: Liebe lässt alles am grünsten sprießen. Egal, welche Farbe Ihr Daumen nun hat.

Eine weiße Kletterrose

Gibt es eine weiße Kletterrose? Das hatte ich allen Ernstes völlig unbekümmert gefragt. Eine? Naiver geht es ja wohl kaum. Das war mir damals noch nicht einmal bewusst. Voller Tatendurst machte ich mich auf die Suche. Durchstöberte Gärtnereien und Kataloge und fand eine, 'Schwanensee'. Eine perfekt geformte weiße Blüte mit einem Hauch Rosa in der Mitte. Ich war glücklich, sie gefunden zu haben. Zu dieser Zeit empfand ich sie weiß genug für meinen weißen Garten. Je länger ich sie jedoch betrachtete, desto intensiver wurde ihr Rosa. Errötete sie, weil sie selbst spürte, dass sie nicht so richtig in meinen weißen Garten passte? Pflanzen können durchaus so etwas empfinden. Jedenfalls, in mein Herz geschlossen hatte ich sie nie. Dazu war auch ihr Wuchs zu steif.

Heute, in der Zeit des Internets, ist solch eine Suche ein Kinderspiel. Geben Sie einmal „weiße Kletterrosen" ein, so bekommen Sie allein bei einer Rosenbaumschule

32 unterschiedliche Sorten angeboten. Mit Fotos! Jetzt werden Sie höchstens ein anderes Problem haben: die Qual der Wahl. Ein wahres Luxusproblem.

Ich habe 'Schwanensee' nicht mehr. Ich habe mich von ihr getrennt und kann noch nicht einmal behaupten, dass es mir schwerfiel. An ihrer Stelle wachsen jetzt 'Climbing Schneewittchen' und *R. moschata* mit ihren kleinen, einfachen, wunderbar duftenden Blüten. Eine gute Entscheidung, zumal dadurch an der Kletterwand bis in den Spätherbst hinein etwas blüht. Das hat mir gezeigt, mich niemals mit der zweiten Wahl zufriedenzugeben. Im Garten ist das wesentlich einfacher als in vielen anderen Situationen. Meistens spielt sich so etwas stufenweise ab. Zuerst das Erkennen, dass irgendetwas nicht so optimal ist. Gefolgt von einem „Na ja, ist ja nicht so schlimm". Bis man es wirklich nicht mehr sehen kann. Und dann ist Handeln angesagt. Sie brauchen Kraft dazu, einen Fehler zu ändern. Viel einfacher wäre es, alles beim Alten zu lassen. Aber nicht schöner und vor allem nicht befriedigender. Mut zur Veränderung setzt auch Flexibilität voraus. Und die sollten wir uns bewahren. Im Garten wie auch sonst im Leben.

Apropos erkennen, handeln, warten, Geduld und Erleichterung: All diese Gefühle können sich im Garten innerhalb weniger Stunden abspielen. Beziehungsweise kann man das alles binnen kürzester Zeit erleben. Langweilig ist das Leben im Garten keinesfalls.

Besagtes Klettergerüst für meine Rosen bestand aus Holzlatten, zehn Zentimeter (viel zu wenig) von der Wand entfernt. Von mir weiß gestrichen. Inzwischen sah die Wand beeindruckend aus. Zu den Rosen gesellte sich eine *Clematis armandii* 'Snowdrift', mit großem, glänzen-

Kletterrose 'Guirlande d'Amour'

dem, immergrünem Laub und nach Bittermandeln duftenden Blütensternen. Und damit nicht genug: auch das Winterblühende Geißblatt, *Lonicera × purpusii* 'Winter Beauty', entzückend, attraktiv, vielfältig, harmonisch – und schwer.

Ein Hilferuf und der Beginn einer Freundschaft

Es kam, wie es kommen musste. Nur leider im denkbar ungünstigsten Moment. Am Morgen vor meiner ersten Gartenführung. Zum Glück habe ich die „Bescherung" gleich vom Schlafzimmerfenster aus gesehen. Das ganze, natürlich viel zu schwer beladene Gerüst war aus der Wand gebrochen und lag samt den Pflanzen im Vorgarten. Ein bemerkenswertes Entree. Augen zu oder weglaufen war einfach keine Lösung. Hier gab es nur eins: beherzt handeln.

Allzu viele Möglichkeiten gibt es sonntagmorgens nicht. Erst haben mein Mann und ich versucht, das Ganze mit Stäben, Besenstielen und sonstigen unbrauchbaren Dingen aufzurichten. Das konnten wir vergessen. Also ließ ich einen Hilferuf nach Bad Nauheim-Steinfurth zu Heinrich Schultheis, dem Inhaber des Rosenhof Schultheis, los. Welch Wunder, er war da. Ich brauche nicht zu erwähnen, wie groß seine Begeisterung war. Vor allem, da er gerade zu einer Pflanzenmesse aufbrechen wollte. Aber er versprach zu kommen. Ich stand nicht nur unter einem enormen Zeitdruck, nein, ich stand inzwischen auch draußen auf der Fensterbank und hielt das Klettergerüst fest. Und es dauerte, dauerte. Meine Arme gehörten schon gar nicht mehr zu mir. Es ist schon erstaunlich, zu was man fähig ist. Ich bitte Sie wirklich inständig, meinen Balanceakt nicht nachzuahmen, obwohl es im Parterre war. Als Heinrich Schultheis kam und mich sah und ich überflüssigerweise „endlich" rief, erklärte er mir erstens, dass ich verrückt sei, zweitens, dass meine Leichtsinnigkeit ja kaum zu überbieten wäre und drittens, dass er nicht früher hätte kommen können, da er erst noch lange Schrauben zaubern musste.

Danach war ich erst einmal ruhig, dann habe ich mich geschämt. Und als nach einer halben Stunde Gerüst und Pflanzen wieder befestigt waren, als wäre nie etwas geschehen, habe ich mich liebevoll bedankt. Ein Freund in der Not ist ein unschätzbares Geschenk. Das muss allerdings auf Gegenseitigkeit beruhen. Nur nehmen geht nicht. Beide, Heinrich Schultheis und die malträtierten Pflanzen, hatten nach dieser Aktion aber wirklich etwas gut bei mir. Ich habe es längst eingelöst, bei beiden. Übrigens, die Gartenführung war ein Erfolg. Und niemand hat etwas gemerkt. So konnte ich diese Episode zum Schluss fröhlich zum Besten geben.

Exquisite Schönheiten – Päonien

Manche kommen immer zu spät, andere dagegen sind immer früh dran. Dazu gehöre ich. Also war ich etwas zu früh zur Ausstellungseröffnung ins Museum für Kunsthandwerk (heute Museum Angewandte Kunst) in Frankfurt am Main gekommen. Hektisch und in großer Eile verteilte eine Dame überirdisch schöne, riesige, mir völlig unbekannte Blüten in chinesische Gefäße. Da ich von Natur aus ein hilfsbereiter Mensch bin, fragte ich, ob ich vielleicht helfen könnte. Ein skeptischer Blick, und wahrscheinlich aus purer Verzweiflung durfte ich Blüten anreichen und Wasser holen.

So lernte ich Marianne Beuchert und Strauchpäonien kennen. Der Beginn einer langen Freundschaft, von der ich sehr profitiert habe. Und der Beginn einer großen Liebe für *Paeonia suffruticosa*, den verholzenden Pfingstrosen. Allein die Farben waren fantastisch, in den herrlichsten Purpurtönen bis zu allen Schattierungen in Rosa. Nur Weiß fehlte. In der Ausstellung. Meine Neugier war geweckt. Kennen Sie das Gefühl, unbedingt etwas haben zu wollen? Es gab für mich kein Halten mehr, und die Sache begann. Telefonieren, Kataloge wälzen, in Gärtnereien fragen (Internet war noch nicht verbreitet).

Es ist immer etwas teurer ...
Ich hatte mich in eine verliebt, 'Rock's Variety'. Mit großen, halbgefüllten weißen Blüten, die in der Mitte violettschokoladenbraune Flecken haben. Kein Hindernis für meinen weißen Garten. Bei einem Besuch bei der renommierten Gärtnerei Klose in Kassel versprach mir der Inhaber, sein Sohn könne mir eine aus Amerika mitbringen. Es würde nur dauern. Geduld war zu dieser Zeit nicht gerade meine Stärke. Also warten, so ist es eben, wenn man etwas unbedingt haben möchte. Auf die Idee, nach dem Preis zu fragen, kam ich nicht. Wieso auch? Bis jetzt waren meine Wünsche (Pflanzen betreffend) durchaus finanzierbar. Und endlich kam das Paket, besser gesagt das Päckchen. Ich liebe es, Päckchen zu bekommen. Nur mit diesem Inhalt hatte ich, gelinde gesagt, meine Schwierigkeiten. Verblüfft starrte ich das braune Etwas, nicht viel größer als ein Bleistift, an. Das sollte eine Strauchpäonie sein? Ich konnte mir noch nicht einmal vorstellen, dass es eine werden sollte. Vielleicht war es ja nur Verpackungsmaterial, und die Pflanze war vergessen worden. Nicht vergessen worden war allerdings die Rechnung. War ich mir bei der Pflanze noch im Unklaren, war ich mir bei dem Rechnungsbetrag absolut sicher, dass sich hier ein Tippfehler hineingeschlichen hatte. Eine Null zu viel. Fehler passieren. Kein Problem. Nach meinem Anruf bei Herrn

---

Paeonia rockii-Hybride 'Shu Sheng Peng Mo'

Klose hatte jedoch ich ein Problem. Von wegen Tippfehler, von wegen Pflanze vergessen. Es war schon immer etwas teurer, etwas Besonderes zu wollen. In Nachhinein ist mir meine Unwissenheit und Naivität wirklich peinlich. In solchen Fällen bestrafe ich mich immer selbst, indem ich mir „Ausrutscher" im wahrsten Sinne vom Mund abspare. Das funktioniert bei mir sehr gut und beruhigt das schlechte Gewissen. Hätte ich nur vorher nach dem Preis gefragt! Nur, hätte ich das getan, wäre ich niemals zu diesem Prachtexemplar gekommen. Sie sehen, selbst von Dummheit und Leichtsinn können Sie profitieren. Alles ist möglich im Garten.

Die unglaubliche Freude über die erste Blüte

Inzwischen, 25 Jahre später, ist 'Rock's Variety' ein Highlight in meinem Vorgarten. Anfang Mai bleiben unzählige Passanten erstaunt stehen, um die riesigen, exotischen Blüten zu bewundern. Wenn ich dann sage, das seien Strauchpäonien, kommt meist verwundert: „Komisch, das sollen Pfingstrosen sein? Meine blühen noch längst nicht und sind auch viel kleiner." Das sind die Staudenpäonien, die jeder als Pfingstrosen kennt. Hier geht es aber um Strauchpäonien, *Paeonia suffruticosa*, deren oberirdische Teile verholzen. Strauchpäonien können bis zu drei Meter hoch und mindestens so breit werden. Meine Pflanze ist jetzt circa zwei Meter hoch, so breit allerdings nicht, aus Platzmangel. Im Grund genommen müssten Sie eine Stelle von vier Quadratmetern reservieren, damit sich eine Strauchpäonie im Laufe der Jahre artgerecht entwickeln kann. Wenn Sie sich nun meinen „Bleistift" inmitten dieser Fläche vorstellen, wirkt das mehr als lächerlich. Und doch wäre es genau das Richtige. Machen Sie eine Interimsbepflanzung mit Einjahresblumen, Stauden oder kurzlebigen kleinen Sträuchern, sozusagen als Lückenbüßer. Und schon wirkt das Ganze nicht wie „will und kann nicht".

Denn es dauert. Geduld lernen Sie dabei, mit Sicherheit. Es bleibt Ihnen auch gar nichts anderes übrig. Aber die unglaubliche Freude bei der ersten Blüte eines Schützlings entschädigt auf wunderbare Art für die Warterei. Übrigens ist heute das Angebot viel größer, und in der Regel werden sie blühend verkauft. Das hat natürlich den Vorteil, dass Sie gleich sehen, zu was Sie sich eventuell hinreißen lassen. Das garantiert aber nicht unbedingt eine Blüte im nächsten Jahr. Die Pflanze muss erst einmal den Schock des Umpflanzens verkraften und ist „beleidigt". (Oh ja, darin sind manche Pflanzen Meister – ich denke nur an Kamelien.) Es kann bis zu fünf Jahre dauern, bis sie sich eingelebt hat. Erst dann wird sie zu blühen anfangen. Aber dann! Einmal etabliert, machen diese ostasiatischen Schönheiten überhaupt keine Arbeit. Wenig Aufwand – große Wirkung. Selbst im Winter, durch den bizarren Wuchs und die schon deutlich sichtbaren Knospen sind sie attraktiv und nicht etwas, was Sie verstecken müssten. Sie merken, mich hat es erwischt.

Kein Wunder, bei einer so faszinierenden Pflanze. Kein Wunder auch, dass ich darüber mehr wissen wollte. So etwas kennen Sie wahrscheinlich. Spätestens dann, wenn der Garten und Sie „eins" werden, wenn Sie erst einmal Blut geleckt haben, werden Sie zum „Plant Hunter".

Und plötzlich öffnen sich Gartenpforten

So, auf der Jagd nach Pflanzen, kamen wir zu Sir Peter Smithers. Hoch über dem Luganer See hatte er einen traumhaften Hanggarten mit einer bedeutenden Pflanzensammlung geschaffen. Und diesen Garten durften wir besuchen, nach vorheriger schriftlicher Anfrage. Der ehemalige britische Diplomat und begnadete Botaniker war zu der Zeit, als wir ihn kennenlernen durften, schon ein älterer Herr. Ein wahrer Herr! Er hat nennenswerte Sorten von Strauchpäonien, aber auch von Magnolien und

Glyzinen gezüchtet – und fantastische Fotos gemacht. Und er hat sich mit uns abgegeben. Das wundert mich noch heute. Zuerst kamen wir in einen entzückenden Garten mit einer imposanten *Michelia doltsopa* mit köstlichem, fruchtigem Duft, eine Rarität aus der Familie der Magnoliengewächse. Wir haben uns unterhalten, und ich war begeistert von den vielen Exoten, die er so fachlich und amüsant erklärte. Bis mein Mann und ich gefragt wurden, wie viel Zeit wir hätten. Wenn wir den Garten sehen wollten, das würde gut vier Stunden dauern. Da erst wurde uns klar, dass wir im Vorgarten – der größer als unser ganzer Garten ist – getestet wurden. Offensichtlich hatten wir die Prüfung bestanden. Und dann: ein Paradies, ein Traum seltenster Pflanzen, ein Miteinander in erstaunlicher Harmonie, in einem ganz eigenen Ökosystem. Es blieb nicht bei diesem einen Besuch.

Sie sind zwei große Vorbilder für mich: Marianne Beuchert und Sir Peter Smithers. Von beiden habe ich unendlich viel gelernt. Beide haben mir Anregungen gegeben, haben meine Neugier geweckt. Beide leben leider nicht mehr, aber an beide werde ich mich immer mit Dankbarkeit erinnern.

Inzwischen bin ich stolze Besitzerin von neun Strauchpäonien. Mehr Platz habe ich nicht. Alle weiß, in verschiedenen Blütenformen, mit interessanten Staubgefäßen und zauberhaften Namen. 'Renkaku' bedeutet „Kranichflug", und genauso sehen die leicht zerzausten, elegant schwingenden Blütenblätter aus. Allein der Namen wegen. Natürlich nicht! Aber während ich – lange nach der Päonienblüte – darüber nachdenke, überqueren in großer, majestätischer Formation, Kraniche den Himmel. Zufall?

Ein weiter Weg

Sie begann mit einem 'Rambling Rector', oder vielmehr ohne einen 'Rambling Rector'. Meine Begeisterung für Ramblerrosen.

Während einer sehr anregenden Reise durch Südenglands namhafte Gärten kamen wir durch reinen Zufall an einer wunderschönen Rosengärtnerei mit dem hübschen Namen „Just Roses" vorbei. „Vorbei" heißt bei mir: hinein. Aus purer Neugier kann ich an einer Gärtnerei nicht „vorbeigehen". Neugierig zu sein gehört zum Gärtnern, sich Anregungen zu holen und offen zu sein für Neues. Zu „hinein" kommt dann zwangsläufig ein lockeres Gespräch mit dem Besitzer, der im Allgemeinen äußerst stolz ist, seine Schätze zu zeigen und zu erklären. Eine absolute Win-win-Situation.

So kamen wir in den Genuss, seinen Privatgarten zu sehen. Und da war es um mich geschehen. In der Mitte ein alter, knorriger Apfelbaum. Auf der einen Seite wuchs eine violettfarbene 'Veilchenblau', auf der anderen ein 'Rambling Rector' mit seinen weißen, duftigen Blüten. Beide Ramblerrosen trafen sich in der Krone und fielen kaskadenförmig herab. So etwas Zauberhaftes, so etwas Anmutiges hatte ich lange nicht gesehen. Ein Genuss für die Seele. Das braucht schließlich jeder Mensch hin und wieder. Der Wunsch nach einem 'Rambling Rector' war nicht nur geweckt, er war übermächtig. Sie hätten dieses Schauspiel erleben müssen. Es wäre auch bei Ihnen Liebe auf den ersten Blick gewesen. Das war 1987.

Ich hatte zwar keinen Apfelbaum, aber Hecken, zwei Lebensbäume und eine Blutpflaume. Platz genug, dachte ich. Auf der langen, frustrierenden Suche nach einem 'Rambling Rector' („Rambling was?") kam ich zu fast allen weißen Ramblerrosen, die damals auf dem deutschen Markt zu bekommen waren. Über *Rosa longicuspis*, 'Bobbie

James', 'Lykkefund' zu 'Polstjärnan', 'Kiftsgate' und so weiter. Langsam bekam ich Platzprobleme. Mein Garten ist schließlich kein Park, auch keine Obstbaumwiese. Die Blutpflaume blieb frei. Ich hatte die Hoffnung noch nicht aufgegeben. Die Lebensbäume kamen als Halt für die Rosen nicht infrage. Das war keine Harmonie und sah einfach unnatürlich aus. Die Hecken waren inzwischen schon mehr als besetzt. Und die 'Kiftsgate', die starkwüchsigste aller starkwüchsigen Ramblerrosen, setzte ich in einen großen Tontopf und ließ sie über das Garagendach wandern. Heute kann ich über mich nur den Kopf schütteln. Keine dieser Rosen sollte in einem Topf ihr Dasein fristen müssen. Zum Glück wird der Mensch in seiner Not erfinderisch. Mein Bestand an Rankgerüsten wuchs unaufhörlich: Bögen, Pyramiden, Kegel, Obelisken. Der Hersteller hat sich gefreut.

Vier Jahre später, 1991, wurden meine Ausdauer und meine Zähigkeit belohnt. Die Warterei hatte ein Ende. Heinrich Schultheis muss Erbarmen mit mir gehabt haben und besorgte das Objekt meiner Begierde. Oder ich bin ihm dermaßen auf die Nerven gegangen. Jedenfalls kam 'Rambling Rector' an, wurde vorschriftsmäßig in Windrichtung an die Blutpflaume gepflanzt. Dort wuchs er erst hinein und dann hinauf. Ein entzückendes Bild, wenn die weißen, halbgefüllten Blütchen in großer Fülle aus dem dunklen Laub herabfallen. Ramblerrosen verleihen dem Garten etwas Verwunschenes, verwandeln ihn in einen Märchengarten. Ich habe ja auf meiner Suche so einige andere angesammelt. Aber keine, wirklich keine kommt an den eleganten Wuchs, die Zierlichkeit und die Anmut des 'Rambling Rector' heran.

Die Freude dauerte etwas über zehn Jahre. Doch, sind wir einmal ehrlich, an was hat man schon zehn Jahre uneingeschränkte Freude? Außer im Garten? Bei einem Sturm fiel die alte Blutpflaume um. Und mit ihr der 'Rambling

Rector'. Ein unbeschreibliches Chaos aus Blättern, Zweigen, Rose und meinen Tränen. Weltuntergangsstimmung zu verbreiten ist einfacher, als Zuversicht. Doch wem nützt sie? Dem Baum nicht mehr. Und die Rose brauchte Erste Hilfe und hatte wesentlich mehr von meiner Zuversicht. Sie lebt immer noch. Lebt? Sie ist das blühende Leben über einem Rosenbogen als Stütze.

Den Anblick des alten Apfelbaums in Südengland, ein blühender Traum in Weiß und Violett, werde ich nie vergessen. Er ist jederzeit abrufbar, auch zig Jahre danach noch. Auch mitten im Winter, bei Regen und Schnee. In einer trüben Stimmung, wenn ich traurig bin, wenn mir die Welt zu kalt ist – „mein Apfelbaum" tröstet mich.

Einen Fuß in der Tür

Duft hat für mich seit meiner Kindheit immer eine große Rolle gespielt. Während meines ganzen Berufslebens hatte ich mit Düften zu tun. Das hat sich auch auf mein Verhältnis zu Pflanzen ausgewirkt. Pflanzen, und wenn sie noch so schön sind, fehlt etwas Wesentliches, wenn sie nicht duften: die Seele. Das zur Vorgeschichte.

Im Sommer 1997 zeigte der Frankfurter Palmengarten in Zusammenarbeit mit dem Comité Français du Parfum die Ausstellung „Duft – Kulturgeschichte des Parfums" mit dem Untertitel: „Sinnlich – spielerisch – interaktiv". Bis dahin war es nicht üblich, dass Ausstellungen während der Öffnungszeiten bewacht wurden. Aber gerade das war die Bedingung des Partners. Dies über zwei Monate zu garantieren, musste organisiert werden. Händeringend wurden Freiwillige gesucht. Nun, das Thema kam mir sehr entgegen. Für „Die Herkunft der Kakteen" hätte ich mich kaum begeistern können, aber als ich nun gefragt wurde, verpflichtete ich mich für einen Tag pro Woche,

acht Wochen lang. Und ich fühlte mich gut. Zu helfen, etwas für die Gemeinschaft zu tun, ist ein befriedigendes Gefühl.

Die Ausstellung – die Präsentation der unterschiedlichsten Düfte, eine Duftorgel, antike Flakons und sogar eine Destillationsanlage en miniature aus dem französischen Grasse – war entzückend. Weniger entzückend und für mich völlig unverständlich dagegen war das Benehmen mancher Besucher. Vielmehr das „Nichtbenehmen". Ich hatte oft meine Schwierigkeiten, nicht auszuflippen. Und immer ruhig geblieben bin ich nicht. Zu fein, Müll aufzusammeln, bin ich mir wirklich nicht. Aber musste das sein? Eine Aufsicht war hier dringend nötig. Zumal es auch Leute gibt, die meinen, das eine oder andere Ausstellungsstück sähe bei ihnen zu Hause noch besser aus. Es kostete mich schon Durchhaltevermögen, doch ich hatte Verantwortung, ich stand in der Pflicht. Nicht das erste Mal in meinem Leben.

Aus solchen Erfahrungen habe ich viel gelernt. Immer das Beste aus einer Situation zu machen. Für andere und für sich selbst. Ein Geben und Nehmen. Nur Geben macht auf die Dauer aber auch keinen Spaß. Man kommt sich ausgenutzt und dumm vor. Kein schönes Gefühl.

Ich habe von diesen Tagen sehr profitiert. Umgeben von himmlischen Düften in einem schönen Ambiente fiel es mir nicht schwer, Anregungen für mein Buch „Ein Garten der Düfte" zu finden. Und es gab viele nette Besucher, viele bereichernde Gespräche und viele Fragen. Die ich oft nicht beantworten konnte. Ich hatte sie alle notiert, mich erkundigt und informiert. Und das nächste Mal wusste ich es und konnte Auskunft geben, denn viele Besucher kamen wieder. „Können Sie mir jetzt sagen ...?" Ich konnte.

Ramblerrose 'Rambling Rector'

Es hatte mir nicht geschadet zuzugeben, dass ich etwas nicht wusste.

Am Ende der Ausstellung war ich dermaßen inspiriert und begeistert, dass wir im Jahr darauf nach Grasse, der Stadt der Düfte, gefahren sind. Und wenn Sie einmal die Lavendelfelder in der Sonne Südfrankreichs gesehen haben, von ihrem Duft überwältigt waren, spätestens dann wissen Sie, dass sich Lavendel im Schatten nicht wohlfühlen kann.

Inzwischen bin ich über 20 Jahre im Palmengarten ehrenamtlich tätig. Ich hoffe, nicht nur ich habe davon profitiert.

Entdeckungen

„Nichts kommt ohne Interesse zustande."
(Georg Wilhelm Friedrich Hegel,
deutscher Philosoph)

Seit dem ersten Tag, als ich rief: „Hurra, ich habe den lang ersehnten Garten", schreibe ich alles auf, was ich wichtig finde. Meine Neuzugänge, Blühzeiten, Wetterkapriolen, Fehlschläge und meine Stimmungen. Ich kann Ihnen das nur empfehlen. Sie glauben gar nicht, was man alles vergisst und stur und steif behauptet: So kalt hatten wir es noch nie, so nass, solch eine Hitze im Mai. Außerdem kann man herrliche Dinge schreiben, die nicht druckreif sind.

So hatte ich im Herbst notiert: „Zehn Schneeglöckchenzwiebeln unter die Birke." Ich kam mir äußerst großzügig vor. Sie verwildern ja. Voller Vorfreude stellte ich mir ein Meer von Schneeglöckchen vor.

„Die Freude am Kleinen ...

... ist die schwerste Freude.
Es gehört ein königliches Herz dazu."

So sagt ein deutsches Sprichwort. In der Tat. Als im ersten Vorfrühling meines Gärtnerlebens drei Schneeglöckchen zaghaft unter der Birke erschienen, war es mit meiner „Freude am Kleinen" nicht weit her. *Galanthus nivalis*, das klassische Schneeglöckchen, ist am besten zum Verwildern geeignet – so steht überall geschrieben. Meine Schneeglöckchen hatten das jedenfalls nicht gelesen. Als ich leicht verunsichert im nächsten Jahr die Menge verdoppelte, war das Ergebnis auch nicht gerade umwerfend. Erst als ich mich fürs „Klotzen" entschieden hatte und eine Null an die Menge hängte, konnte man von Schneeglöckchen im Garten sprechen. Eine kleine Warnung: Schneeglöckchen, so unschuldig sie daherkommen, haben Suchtpotenzial. Es gibt eine richtige Schneeglöckchenmanie. Sie können ein Vermögen für gesuchte Sorten ausgeben. Preise von 125 Euro für eine (!) Zwiebel sind keine Seltenheit. Und ob die dann macht, was Sie sich wünschen, ist mehr als fraglich. Ich habe mich auch schon verleiten lassen, mehr auszugeben als mir guttat. Und dann das Objekt der Begierde in ein Töpfchen gepflanzt, auf der Fensterbank deponiert, sozusagen unter Beobachtung. Mit dem Erfolg: nichts. Aber: Ein Sammler gibt nicht auf. So lange er es sich leisten kann. Für mich haben auch die ganz einfachen Schneeglöckchen, meine ersten, ihren Reiz. Sehr lohnenswert und äußerst dankbar ist die Sorte 'S. Arnott', und auch *Galanthus woronowii* mit schönem, breitem Laub. Heute kaufe ich alle meine Schneeglöck-

Galanthus nivalis 'Viridapices'

chen „in the green", direkt nach der Blüte und nicht als trockene Zwiebeln. Seitdem habe ich mehr Glück.

Sollten Sie etwas suchen, mit dem Sie die gesamte Palette der Emotionen ausleben können, sind Blumenzwiebeln bestens geeignet: von überschäumender Freude, Glück, über Resignation bis hin zur Wut. Sie sind für alle Überraschungen gut, oder eben nicht gut. Sie erfordern Warten und Handeln.

Wagt es nicht ... liebe Narzissen

Ich liebe Narzissen. Von März bis Mai ist unser Garten ein Narzissengarten. Mit weißen Narzissen, einfachen und gefüllten, frühen und späten, mit Duft und ohne. Und ich habe sie verflucht, nicht nur einmal. Da kam im Herbst die bestellte Lieferung, gesund aussehende Zwiebeln, vertrauenerweckend. Ein halbes Jahr war ich in freudiger Erwartung. Endlich standen sie kurz vor dem Aufblühen und wir vor einem Kurztrip nach England, zur Spring Flower Show der Royal Horticultural Society in London. Während der langen Heimfahrt wurden in meiner Vorstellung die Narzissen immer prächtiger, herrlicher und weißer. Bis wir endlich im Dunkeln zu Hause waren, Licht anmachten und ...

Narzissen in fröhlichstem, leuchtendstem, knalligstem Orange sahen mir höhnisch entgegen, als wollten sie „ätsch" sagen. Ich fand ihr Verhalten empörend, einfach empörend. Wie konnten sie mir das antun? Wäre ich nicht so müde gewesen, hätten sie schon die Nacht nicht überlebt. Aber am nächsten Morgen waren sie dran beziehungsweise raus. Mit mir nicht. Wenn sie wenigstens zartgelb gewesen wären. Aber orange. Die einzige Farbe, die ich im Garten, auch nicht in Ansätzen, toleriere. Die einzige Farbe, die ich nicht ausstehen kann. Übrigens habe ich sie ordentlich ausgegraben und verschenkt. Die Nachbargärten sind voll von unseren Fehlfarben. Und sie werden immer farbenprächtiger. Mit Schneeglöckchen kann das nicht passieren, mit Tulpenzwiebeln ist es mir komischerweise noch nicht passiert, und mit den Narzissen habe ich einen Pakt geschlossen: „Ich werde euch lieben und bewundern und weiterhin für Nachschub sorgen. Aber das macht ihr nicht noch mal mit mir. Treibt es nicht auf die Spitze. Orange!" Sie haben es nicht wieder gewagt. Maßnahmen anzudrohen, kann auch bei Pflanzen durchaus nützlich sein.

Popcorn vom anderen Ende der Erde

Wenn Sie bei Popcorn an den luftigen Snack denken – ich nicht. Mein 'Popcorn' kann man auch nicht mit ins Kino nehmen (sollte man jedenfalls nicht). Und der Zeiger auf der Waage wird auch nicht in die Höhe schnellen. Nein, mein 'Popcorn', von mir liebevoll „Popcörnchen" genannt, ist alles andere als eine Kalorienbombe.

Die Geschichte fängt in Neuseeland an. Neuseeland war mein Traumreiseziel. Aber es liegt ja nicht gerade um die Ecke. Denkbar ungeeignet für eine kurze Reise. Als dann 1994 der 10. Weltrosenkongress für Christchurch anberaumt war, organisierte der Verein Deutscher Rosenfreunde (heute: Gesellschaft Deutscher Rosenfreunde e.V.) eine Reise dorthin. Nach reiflicher Überlegung, das heißt in diesem Fall nach Überprüfung unserer Finanzen, haben wir gebucht. Meine Erwartungshaltung war riesig. Die Entfernung auch. Weiter weg ging nun wirklich nicht, das wäre schon wieder näher gewesen. Allein 60 Stunden in der Luft. Auf dem Hinweg über Los Angeles und die Fidschi-Inseln, zurück über Bangkok. Außer Maoris, beeindruckenden Baumfarnen, heißen Quellen, Schafen, den tollpatschigen Kiwis, Gebirge und Meer, Regenwald und

Gletscher, und das alles auf kleinstem Raum, – gab es natürlich auch Rosen. Deswegen waren wir schließlich hier. Und was für welche! Rosen mit riesigen Blüten. Um vieles größer als die gleiche Sorte bei uns. Beeindruckend und irgendwie auch nachdenklich machend. Zu Recht. Später haben wir erfahren, dass dort viel lockerer mit Dünger umgegangen wurde als bei uns. Zumindest damals vor dem Rosenevent. Ein Beitrag auf dem Kongress hatte uns so gut gefallen, dass mein Mann und ich ihn für das Rosenjahrbuch 1994 übersetzt haben. Mit Genehmigung des Autors Dr. Tommy Cairns: „Ten Roses I Would Take to a Desert Island", „Zehn Rosen, die ich auf eine einsame Insel mitnehmen würde". Seine Kriterien sind äußerst interessant und faszinieren mich noch heute – er hat nicht, wie alle erwartet hatten, die berühmtesten oder schönsten Rosensorten ausgewählt, sondern diejenigen, die sich am besten als Elternsorte eignen, um neue Rosensorten daraus züchten zu können.

Nun sind weder mein Mann noch ich Fans von Gruppenreisen, aus den verschiedensten Gründen. Vielleicht ist es bei Ihnen auch ganz anders. Ich profitiere und entdecke mehr, wenn ich auf eigene Faust durch die Lande ziehe. Wir haben schon im Flugzeug und dann vor Ort so viele Tipps von Einheimischen bekommen und Einladungen in ihre Privatgärten. Wenn ich später gefragt wurde, was mich am meisten an Neuseeland beeindruckt hat, brauchte ich nicht lange zu überlegen: die Gastfreundschaft. Die Gastfreundschaft war einfach nicht zu überbieten. Für mich oft beschämend. Erstens, weil wir keine angemessenen Geschenke dabei hatten, und zweitens, weil ich leider zugeben muss, dass ich umgekehrt meine Türen nicht so weit geöffnet hätte. Klar, in den

Miniaturrose 'Popcorn'

dünn besiedelten Ortschaften ist man sicher froh, mal ein neues Gesicht zu sehen. Vor allem, wenn man noch keine schlechten Erfahrungen gemacht hat. Bei uns ist das anders. Und trotzdem: Ich habe mein Verhalten daraufhin überdacht.

„Rosenjägerin" im Glück

Nun zogen wir im Mietwagen allein los. Und entdeckten Gethsemane Gardens, oberhalb von Sumner, bei Christchurch gelegen. Der Weg hinauf ist etwas abenteuerlich. Aber dann – ein Paradies auf Erden. Ein Traum von einem Rosengarten. Riesige Klettergerüste aus Holz waren über und über mit weißen (!) Kletter- und Ramblerrosen bewachsen. Aus der Luft betrachtet, also vom Flugzeug aus, ergaben sie, Buchstabe für Buchstabe, das Wort GETHSEMANE. Das war aber längst nicht alles. Damals gehörte eine kleine Nursery dazu, die mich sofort magisch anzog. Wie alle Gärtnereien auch heute noch. Es existiert ein Foto von mir, unter solch einem Rosenbogen, auf dem ich äußerst glücklich aussehe. Und was habe ich im Arm? 'Anne-Marie de Montravel'. Eine entzückende kleine Polyantharose mit Teerosenblut. Weiß natürlich. Sie sieht so zart und schutzbedürftig aus und hat in den vielen Jahren seit der Reise nach Neuseeland nicht nachgelassen. Was ich von mir nicht unbedingt sagen kann. Am tiefsten hat mich jedoch etwas anderes beeindruckt. Nicht die weißen Rosen. Und das will was heißen. Es gab dort auf dem Hügel eine kleine Kapelle. Aus schlichtem Holz, mit Fensteröffnungen ohne Glas, vollkommen offen. Im Inneren dieses Kleinods fühlte ich mich dem Himmel ganz nah: Um mich herum ein Blumenmeer und unter mir der Pazifische Ozean. So etwas Ergreifendes hatte ich noch nie gesehen. Und sah es danach auch nicht. Wenn das der letzte Anblick meines Lebens gewesen wäre, schöner hätte er nicht sein können.

Die neuseeländischen Rosen mit ihren überwältigenden Blüten – toll für jemanden, der das Bombastische liebt. Mich reizt eher das Kleine. Kein Wunder, bei meinem kleinen Garten. Aber ich bin nicht zu kurz gekommen. Ganz im Gegenteil. In einer Gärtnerei, die auf Miniaturrosen spezialisiert war, entdeckte ich 'Popcorn', die entzückendste Miniaturrose, die ich jemals gesehen habe. Ein reizender, aufrecht und kompakt wachsender kleiner Strauch mit sehr dichtem Laub. Bis in den späten Herbst hinein blüht er sehr emsig, mit winzigen, halbgefüllten reinweißen Blütchen mit leichtem Honigduft. Sie sind kleiner als eine Gänseblümchenblüte. Der Name „Popcorn" ist zutreffend gewählt. In den Katalogen der deutschen Baumschulen werden die Miniaturrosen meist als „Zwergrosen" aufgeführt. Ich finde die im Ausland übliche Bezeichnung „Miniaturrosen" passender, da sie in der Tat Rosen „en miniature" sind. Alles an ihnen sollte winzig sein: Wuchs, Laub, Blüten. Auf mein „Popcörnchen" trifft das alles zu. Selbst die Hagebutten sehen aus wie Liebesperlen. Bei ihr ist alles harmonisch. Und sie ist für mich die einzige Miniaturrose, die den Namen verdient.

Wenn Sie jetzt denken, mit so etwas Zierlichem, Empfindlichem gebe ich mich besser nicht ab, dann lesen Sie weiter. Wenigstens noch ein Stückchen. 'Popcorn' wohnt bei mir nun seit über 20 Jahren. Sie hat die elend lange Reise lockerer weggesteckt als ich. Immerhin musste sie bei uns mit einem entgegengesetzten Jahreszeitenrhythmus zurechtkommen. Sie hat sich erstaunlich schnell akklimatisiert. Und ihre inzwischen beachtliche Zahl an Nachkommen ist bei mir im Garten ausgepflanzt. Hervorragend für den vorderen Rand einer Rabatte. Aber auch für einen kleinen Tontopf, der das ganze Jahr über im Freien stehen kann. Einmal etabliert, ist sie völlig winterhart. Wie sie sich jedoch auf dem Feldberg im Schwarzwald fühlen würde, weiß ich nicht. Ich würde es auch nicht ausprobieren.

'Popcorn' ist in Deutschland nicht leicht zu bekommen. Kein Wunder, sie bleibt nur ein „Popcörnchen", wenn sie auf eigener Wurzel, als Steckling, vermehrt wird. So mache ich es. Aber das dauert. Bis ein Pflänzchen circa sieben Zentimeter hoch ist, gehen gut zwei Jahre ins Land. Das kann sich kein Anbieter leisten. Er würde dabei verhungern. Oder die Rose müsste so teuer sein, dass sie sowieso keiner kauft. Was wieder aufs Gleiche hinausliefe. Ich muss keine Stückzahlen produzieren, kann es als Spielerei betrachten. Mit erstaunlichem Erfolg. 'Popcorn' ist mein schönstes Andenken von dieser Reise.

Mit den Augen einer Rose

Es war eine Rosenreise. Bei einem Besuch der Rosenschule von Trevor Griffiths in der Nähe von Christchurch verliebte ich mich in eine Rose, die umwerfend duftete. Zwangsläufig musste ich ihr widerstehen, da keine verkaufsfähige Pflanze zur Verfügung stand. Ich kann nun aber sehr hartnäckig sein, wenn ich mir etwas in den Kopf gesetzt habe. Komme ich jemals wieder nach Neuseeland? Wohl kaum. Trevor Griffiths war bestimmt genervt, aber dennoch so großzügig, mir einige Augen dieser Rose mitzugeben. Ich hatte auch etwas gut bei ihm – er hatte uns gebeten, einen deutschen Verlag für sein Rosenbuch zu finden. Damit sich nicht etwa bei Ihnen der Eindruck verfestigt, ich sei zu unverschämt.

Heinrich Schultheis vom Rosenhof in Bad Nauheim-Steinfurth veredelte sie, obwohl er mir wenig Hoffnung machte. Die Augen waren zwar reif, doch nicht die Unterlagenpflanzen. Wegen der entgegengesetzten Jahreszeiten. Und – der Versuch klappte nicht. Wie erwähnt, so leicht gebe ich nicht auf. Geht nicht, gibt es erst einmal nicht. Diesmal wurden die Augen aus Neuseeland geschickt. Für dortige Verhältnisse so spät wie möglich, für unsere so früh, dass die Unterlagen schon wüchsig waren. Juchhu! Wer sagt es denn. 'Marie Bugnet', eine zauberhafte *Rugosa*-Hybride, wollte auch am anderen Ende der Welt leben. Sie blühte schon im ersten Jahr. Aus langen, spitzen Knospen entfalten sich gefüllte, reinweiße Blüten mit überwältigendem Duft: würzig, süß und edel. Inzwischen habe ich zwei große Pflanzen. Das will in meinem kleinen Garten etwas heißen, der ein Sammlergarten ist. 'Marie Bugnet' hat in meinem Herzen einen großen Platz eingenommen.

Glyzinen – ein Kapitel für sich

Mit Glyzinen können Sie Ihre blauen Wunder erleben. Oder auch wie ich meine weißen. Obwohl es bei mir auch mit einer blauen anfing. Mit Glyzinen werden Sie Ihren Spaß haben, in doppeltem Sinn. Sie sind hervorragende Lehrmeister. Vorausschauen, mindestens auf zehn Jahre, Erkenntnis, Verantwortung und vor allem Geduld und Einsicht werden Sie im Umgang mit Glyzinen lernen. Aber vielleicht brauchen Sie all diese hehren Eigenschaften gar nicht zu lernen. Weil Sie sie schon haben. Ich beneide Sie. Nein, ich bewundere Sie. Ich jedenfalls lebe immer noch mit meinen „Anfangsglyzinenfehlern".

Ich bin gern zu Hause. Doch ab und zu muss ich raus aus meinen vier Wänden, auch raus aus dem Garten. Am besten, bevor ich einen Koller bekomme. Ich muss dann tanken, auftanken, meine Batterien aufladen – bevor der Akku ganz leer ist. Das kann ich am besten, wenn Pflanzen mit im Spiel sind. Entweder finde ich mich in einer Gärtnerei oder in einem anderen Garten wieder.

So kam ich Anfang Mai im Hermannshof in Weinheim an. Ein Schau- und Sichtungsgarten, der übrigens das ganze Jahr interessant ist und viele Anregungen bietet, etwa wie Pflanzen am besten kombiniert werden, um richtig zur Geltung zu kommen. Waren Sie schon einmal dort? Wenn nicht, fahren Sie einmal im Mai hin. Anfang Mai. Sie werden überwältigt sein von einer mächtigen Pergola, über und über mit einer lilafarbenen Glyzine bewachsen. Eher ein Laubengang, in dem Sie herrlich lustwandeln können. Oder genießen Sie auf einer Bank einfach den Vanilleduft und lassen dieses Schauspiel auf sich wirken. Diese „Blauregenpergola" ist eines der am meisten fotografierten Gartenmotive in Deutschland. Allein die uralten, knorrigen, in- und umeinanderwachsenden dicken Stämme sind sehenswert.

Das Leben mit einer launischen Diva

Wer sich vom Blütenrausch der Glyzine nicht verzaubern lässt, nicht in ihren Bann gerät, den kann ich mir kaum vorstellen. Schließlich braucht jeder Mensch hin und wieder etwas, was seinen Durst nach schönen Dingen stillt. Und ich war sehr durstig. Angefangen hat es mit einer lavendel-violettfarbenen *Wisteria sinensis*. Wirklich lavendel-violett, nicht weiß. Erstens wusste ich damals nicht, dass es auch weiße Sorten gibt. Zweitens war das kein Fehlgriff. Ich wollte bewusst diese Farbe. Ich war zwar dabei, mir einen weißen Garten zu schaffen, aber in der äußersten Ecke des Gartens stand ein großer, alter Rhododendron. Meine Hoffnung, er könnte mich ja vielleicht mit weißen Blüten beglücken, schwand in gleichem Maße, wie die Knospen anfingen, Farbe zu zeigen. Ein helles Violett. Noch nicht einmal etwas Besonderes. Pech gehabt. Nicht der Rhododendron, sondern ich. Da ich immer dazu neige, aus einer Misere das Beste zu machen, habe ich verschiedene Möglichkeiten ins Auge gefasst. Weiß anstreichen, entfernen – beides keine Lösung. Da der Rhododendron im Garten ältere Rechte hatte als ich mit meinem Weiß-Faible, durfte er bleiben. Aber so allein? Also bekam er ein gleichfarbiges Pendant, die Glyzine, zur Gesellschaft. Schön an die Ecke der Hauswand, eine ideale Blickachse. Wir haben einen Senkgarten, und die Glyzine oberhalb der Treppe würde in wunderbarer Weise den Blick in die Ferne zu dem Rhododendron leiten. Dachte ich jedenfalls. Die Glyzine wuchs rasant. Eine Stütze musste her. Ich scheute keine Kosten und bestellte einen Gärtner, der mir dicke Drähte bis unter das Dach spannte. Weil wir gerade dabei waren, ließ ich die andere Seite auch gleich bespannen. Ich war ja gerade im Glyzinenfieber und liebäugelte noch mit einer weißen. Leider hatte der Gärtner keine Ahnung, und ich auch nicht.

Glyzinen sehen toll aus, wenn sie blühen. Man muss sie nur erst einmal dazu bringen. Bei uns erschienen acht Jahre lang überhaupt keine Blüten, was mich zunehmend erboste. Denn so interessant war sie als wuchernde Grünpflanze nun auch wieder nicht. Und dann solch ein prominenter Platz am Hauseingang, noch an der Südwestseite – mit der unser Garten wirklich nicht gesegnet ist. Nach Androhung verschiedenster Maßnahmen, die in dem Entschluss gipfelten, sie endgültig zu entfernen, verwandelte sich diese launische Diva plötzlich in ein solches Blühwunder, dass sie ihren exponierten Platz verdient. So wankelmütig war sie gar nicht. Sie konnte nicht anders, da sie vollkommen falsch gezogen war. Nur, in der Zwischenzeit war der violettfarbene Rhododendron die Warterei leid und hatte sich im selben Jahr verabschiedet. Da stand ich nun mit meinem Traum in zartem Violett. Der Mensch macht einen Plan ... Aber so bin ich zu einer winzigen Rabatte in Violett gekommen. Der bewusste Farbfleck in meinem weißen Garten.

Eine Wand voller Drähte ist ja nun alles andere als eine Augenweide. So hielt kurz nach der „blauen" – sozusagen nebenan – eine weiße *Wisteria floribunda* 'Alba'

Einzug. Bei dieser japanischen Art erscheinen die bis 60 Zentimeter langen weißen Blütentrauben nach dem Austrieb der langen gefiederten Blätter. Wenn sie doch nur erschienen wären. Sie dachten nicht daran, weder vor, noch mit, noch nach dem Laub. Jetzt hatte ich zwei Blühfaule. Und eine grüne Wand. Nachdem alle meine Androhungen von Maßnahmen in den Wind gesprochen waren und meine Geduld definitiv am Ende war, hatte ich mich entschlossen, sie zu ersetzen. Die Gelegenheit war günstig. Unser Haus musste verputzt werden, so wäre diese Wand wenigstens ein Albtraum weniger für die Maler.

Den Ersatz – eine *Wisteria brachybotrys* 'Shiro Kapitan' – hatten wir schon von Otto Eisenhut, einer Baumschule im Tessin mit Blick auf den Lago Maggiore, mitgebracht. Mit der Zeit hat sich dort, unter dem Einfluss von Sir Peter Smithers, aus dem Garten eine botanisch interessante Anlage entwickelt. Ein „Parco Botanico", ein Eldorado für Liebhaber von Magnolien, Kamelien, Strauchpäonien und Glyzinen, oder für solche, die es werden wollen. Sollten Sie also einmal in die Nähe von Locarno kommen ... Nicht, dass Sie denken, ich bekäme Prozente.

Die Neue stand also schon in Warteposition in Sichtweite. Eines Morgens, Ende April, traute ich meinen Augen nicht: Die gesamte Wand war über und über mit dicken, vielversprechenden Blütenknospen übersät. Sie hatte wohl die Gefahr gewittert und meine wilde Entschlossenheit gefürchtet. Es ist schon ein Phänomen. Ich bin fest davon überzeugt, dass Pflanzen so etwas spüren und auch darauf reagieren können. Auch auf die Gefahr hin, dass Sie mich für ein wenig seltsam halten.

Die Story ist aber noch nicht zu Ende. Die „Blühfaule", die sich inzwischen mit langen, eleganten Blütentrauben schmückte, durfte, sie musste natürlich bleiben und wurde im Herbst von den Malern unter Kopfschütteln einen ganzen Tag lang zum Schutz mit Folie umwickelt. So

etwas hatten sie auch noch nicht erlebt. Aber sie „abzuklappen" ging nun einmal aus Platzmangel nicht. Ein Wunder? Solch ein Wunder war es gar nicht. Oder wenigstens nur zum Teil. Nachdem wir den Garten von Sir Peter Smithers oberhalb des Luganer Sees besucht und seine üppigst in vielen Farben, sogar in Rosa blühenden Glyzinen bewundert hatten, wurde uns unser Problem klar. Oh nein, nicht von alleine. Erst nach einem Gespräch mit ihm. Während er gar nicht verstehen konnte, weshalb wir so fassungslos vor seiner Blütenpracht standen, konnten wir nicht verstehen, weshalb er sie hatte und wir nicht.

Alles wird gut – für Glyzine und Gärtnerin
Bei uns war eigentlich alles falsch gelaufen. Von der Wuchsrichtung bis zum Schnitt. Da Glyzinen mit beängstigender Geschwindigkeit dem Licht zustreben, also senkrecht in die Höhe, machen sie nichts anderes als wachsen. Erst wenn sie nicht mehr weiterkönnen und anfangen, horizontal zu wachsen, bequemen sie sich zu blühen. Unsere hatten das Dach erreicht und waren geschnitten worden. Und siehe da ... Das war mir eine Lehre.

Glyzinen sollten möglichst von Anfang an horizontal gezogen werden, an einer Pergola, an einem Geländer, auch als Hochstamm. Da ich nun das Schneiden erwähnt habe: Ich kürze im Sommer die langen Triebe auf etwa 30 Zentimeter ein, im Winter, ohne Laub, wenn schon gut die Knospenansätze zu sehen sind, schneide ich nochmals und lasse jeweils nur drei bis vier Knospen stehen. Ein Tipp: Fragen Sie unbedingt nach veredelten Pflanzen. Sämlinge brauchen noch länger, bis sie uns mit Blüten beglücken.

Naturgemäß sind Glyzinen Lianen mit unbändigem Wuchs. Sollten Sie Bäume von einer gewissen Größe und jüngeren Datums haben, können Sie diese Schlingpflanzen hineinwachsen lassen. Sie brauchen dann keinerlei

Schnitt. Sie werden an der Außenseite des Baums als wundervolle Kaskade blühen. Für ein Rosenhochstämmchen allerdings nicht gerade geeignet. Glyzinen können 30 Meter und höher werden. Wurden sie klein und zierlich und blühend in einer Gärtnerei erstanden, fehlt uns meist das Vorstellungsvermögen, dass sie sich schamlos in dermaßen wuchernde Kletterer verwandeln. Sie erfordern einen enormen Pflegeaufwand. Sie blühen zwar spektakulär, das ist allerdings ein kurzes Vergnügen. Und danach: Blätter und Arbeit. Überlegen Sie es sich, bevor der Traum zu einem Albtraum für Sie wird.

Meine nun überzählige 'Shiro Kapitan' habe ich entlang meines Gartenhäuschens gezogen. Diese Art, die es auch farbig gibt, ist längst nicht so starkwüchsig und viel besser für einen kleinen Garten geeignet. Mit kürzeren Blütentrauben, mit genauso einem leckeren Vanilleduft. Von dieser Sorte habe ich sogar zwei Exemplare. Auf speziellen Wunsch hatte ich einmal einer Besucherin unseres Gartens eine 'Shiro Kapitan' mitgebracht. Sie war nicht leicht zu beschaffen. Nun, ich fahre nicht täglich in die Schweiz. Es hatte der Dame wohl zu lange gedauert. Und als ich sie dann besorgt hatte, bin ich auf der Glyzine sitzen geblieben. Bis dahin hatte ich ab und zu seltenere Pflanzen von Reisen mitgebracht. Oft hat es länger gedauert. Irgendwann aber konnte ich mein Versprechen einlösen. Und, wie ist es mit dem Versprechen, sie zu nehmen?

So kam ich zu der zweiten 'Shiro Kapitan'. Eigentlich aus Verzweiflung, aus Platzmangel, habe ich ein Hochstämmchen aus ihr gemacht. Es steht direkt an unserem Gartentürchen. Und ist alljährlich über und über mit Blüten übersät. Ein absolutes Highlight.

Dezember. Ich komm gerade aus dem Garten und habe dem Hochstamm seinen Winterschnitt verpasst. Herrlich, auf Augenhöhe. Keine Leiter erforderlich, kein Balanceakt, keine Lebensgefahr. Äußerst entspannend.

Jack in the green

England im 16. und 17. Jahrhundert. Blüten und Blätter wurden zu aufwendigen Girlanden verarbeitet, um den Mai willkommen zu heißen. Immer schöner, immer größer, immer fantasievoller – es entstand ein regelrechter Wettstreit. Das gipfelte darin, dass man sich komplett mit diversem Grünzeug umhüllte und so ein wandelnder Baum oder, je nach Größe, ein wandelnder Strauch entstand. Die Figuren wurden bekannt als „Jack in the green". Dieser Brauch hat sich bis heute gehalten. Besonders in kleineren Städten finden Umzüge statt mit sehenswerten Darbietungen und Prämierungen der „Kostüme". Ein Frühlingsfest, vielleicht vergleichbar mit unserem Tanz in den Mai. Es wäre schade, wenn solch alte Traditionen in Vergessenheit geraten würden.

Auch seit Jahrhunderten geschätzt wurden in Englands Cottage-Gärten gefüllte Primeln. Leider waren sie für eine viel zu lange Zeit vom Markt verschwunden. Nun aber seit einiger Zeit, dank moderner Vermehrungstechniken, sind sie wieder auf dem Markt. Und zwar in allen Farben, sogar in Apricot oder einem ganz dunklen Violett. Selten allerdings in Weiß.

Primula 'Dawn Ansell' mit ihren reinweißen, gefüllten Blüten entdeckte ich in Südengland. In einer Gärtnerei, die wir als Insidertipp bekamen, „near East Grinstead" (südlich von London). Spezialisiert auf alpine Raritäten. Ein entzückendes Pflänzchen. Die Blüten werden von hohen Laubblättern umkränzt, wie ein kleines Sträußchen. Besonders wenn die Blütchen noch nicht ganz aufgegangen sind, sieht es aus, als würden sie im Verborgenen blühen. Deshalb werden sie auch „Jack-in-the-green"-

---

Primula vulgaris 'Dawn Ansell'

Primeln genannt. In England eine durchaus übliche Bezeichnung. Und sie sehen auch auf wunderbare Weise ein bisschen altmodisch aus. Nostalgisch. Mit einem Hauch von Gestern.

Ich hatte damals den gesamten Bestand, eine Wahnsinnsmenge, von drei Stück aufgekauft. Sie sind schließlich nicht so leicht zu vermehren. Aber vielleicht nächstes Jahr oder übernächstes. Nun gut, „near East Grinstead" ist nicht nahe bei Frankfurt. Möglichkeiten jedoch gibt es viele, mehr als Grenzen. Ich bestellte also zehn Stück. Extraanfertigung. Und das nächste Mal, bei der Spring Flower Show in London, konnte ich sie in Empfang nehmen. 'Dawn Ansell' oder auch „Jack in the green" haben es mir gedankt. Schließlich habe ich weder Mühe noch Kosten gescheut. Immerhin habe ich mir die Übernachtung in London gespart. Aber am selben Tag hin und zurück kann man locker unter Stress verbuchen.

Diese *Primula-vulgaris*-Hybride ist keineswegs eine empfindliche Prinzessin. Eine Rarität zwar, aber durchaus robust. Im Halbschatten, auf leicht feuchtem Boden, fühlt sie sich ausgesprochen wohl. In milden Wintern ist sie sogar wintergrün. Inzwischen sind weiße, gefüllte Primeln ab und zu auch bei uns erhältlich. Das ist aber immer noch die Ausnahme. Meist handelt es sich um *Primula vulgaris* 'Double White' oder auch 'Alba Plena', von 'Dawn Ansell' kaum zu unterscheiden, vielleicht im Ganzen etwas kompakter.

Meine England-Reisen finden nun auch nicht mehr so spontan und häufig statt, und die Gärtnerei für kleine Raritäten wurde leider aus Altersgründen aufgegeben. Da ich aber sehr oft gefragt werde, „Wo bekomme ich diese entzückenden Primelchen her?", habe ich versucht, sie selbst zu vermehren. Und siehe da, manche Dinge im Leben gestalten sich einfacher als vermutet. 'Dawn Ansell' macht das eigentlich ganz alleine. Nach Jahren. So lange müssen Sie schon warten. Aber dann wird sie immer kompakter, es bilden sich kleine neue Pflänzchen um sie herum. Der Nachwuchs. Genauso, wie wir aufpassen müssen, dass unser „Nachwuchs" uns nicht erdrückt, uns nicht die Luft zum Atmen nimmt, empfiehlt es sich bei der Primel, die Kinder von ihr zu trennen. Sie durch Teilung zu verjüngen. Wir tun ihr also etwas Gutes. Die Kleinen, die der Primel genauso wie die von uns, kommen mit der Zeit und oft erstaunlich schnell sehr gut alleine zurecht. Mit anderen Worten: Ich vermehre meine Primeln jetzt selbst. Und die Nachkommenschaft wächst.

„Jack in the green" im Garten und jeder Ärger verraucht

Obwohl wirklich nicht groß, aber großartig, ist diese weiße, gefüllt blühende, stängellose Primel noch nie bei mir im Garten übersehen worden, schon gar nicht von mir.

Wenn ich mich mal so richtig geärgert habe, nicht weiß, wohin mit meiner Wut, und so kurz vor dem Platzen bin – dann flüchte ich in meinen Garten. Wohlgemerkt: vor dem Platzen, bevor eine Sache eskaliert, bevor ich vielleicht ein falsches Wort sage. Das mir, wenn ich mich beruhigt habe, eventuell leid tut. Könnte es sein, dass auch Sie solche Situationen kennen? Als wir von der beruhigenden Wirkung des Gartens sprachen, sagte eine Bekannte: „Wenn es mir reicht, gehe ich in den Garten und denke, ihr könnt mich mal ..." Nicht gerade fein, doch ehrlich. Um Dampf abzulassen, sich trösten zu lassen, seine Gefühle wieder unter Kontrolle zu bekommen und endlich wieder man selbst zu sein – wo ginge das besser? Der Garten kommt auch nicht bei der nächsten passenden oder eher unpassenden Gelegenheit darauf zurück.

In solch einer Gemütsverfassung ist mein Blick meist nach unten gerichtet. Und urplötzlich entdecke ich: 'Dawn Ansell' schickt sich an, aufzublühen. Noch eher „Jack in the green", noch im Verborgenen. So etwas Unschuldiges, so etwas Schutzbedürftiges vor Augen – und aller Ärger ist verraucht, der aufgestaute Unmut hat sich verflüchtigt. Glauben Sie mir, das ist besser, billiger und vor allem weitaus befriedigender als ein Frustkauf.

Ein Wunsch geht in Erfüllung

„Conservatory" – die übliche Übersetzung „Gewächshaus" oder „ungeheizter Wintergarten" trifft es nicht genau. Schon eher die Beschreibung, dass ein „conservatory" ein Raum mit Glasdach und -wänden ist, der sich typischerweise an einer Seite des Hauses anfügt, als „greenhouse" benutzt.

So etwas war schon lange mein Wunsch. Unrealisierbar? Wie war das mit dem Willen und dem Weg? Das Einzige, was wir hatten, war eine Garage mit einem kaputten Garagentor. 1950 gebaut, für damalige Autos, für heutige viel zu eng. Unser Auto, obwohl keine Luxuskarosse, stand nie darin. Die Garage ist auch nicht ans Haus gebaut, sondern frei stehend, an der Grenze zum Nachbarn. Also ein Umbau, eine andere Tür, ein neues Dach? War das überhaupt finanzierbar?

Es ist schon eigenartig, jahrelang lebt man ganz gut mit einer Sache. Plötzlich wird man auf etwas aufmerksam, es stört einen, und schon ist man völlig auf diese eine Sache fokussiert. Wir nehmen dann nur wahr, was uns interessiert. Der chinesische Philosoph Laotse sagte zwar: „Dinge wahrzunehmen ist der Keim der Intelligenz." Ich weiß nicht, ob das bei mir unbedingt etwas mit Intelligenz zu tun hatte. Mehr mit einem unbändigen Wunsch.

Kein Auto mehr in die Garage stellen zu können, ist kein Verzicht für mich. Meine Pflanzen sind mir wichtiger als das Auto. Meine vielen Töpfe brauchen ein Winterquartier. Sie standen zwar bisher auch in der Garage – eng, dunkel, zu dunkel, und kalt. Damit sie wenigstens ein bisschen Licht bekamen, musste ich tagsüber das Garagentor etwas offen lassen. Was darin gipfelte, dass einmal während unserer Abwesenheit vergessen wurde, es nachts zu schließen. Ausgerechnet bei ziemlichen Minusgraden. Worauf prompt die Zitronen erfroren waren. Das war der berühmte Tropfen.

Ich habe schließlich meinen Pflanzen gegenüber Verantwortung. Wenn ich weiß, es geht meinen Schützlingen gut, sie müssen nicht frieren – dann geht es auch mir gut. Dann kann ich ruhig schlafen. Mit dem guten Gefühl, alles für ihr Wohlergehen getan zu haben. Ich jedenfalls leide immer mit meinen Pflanzen. Wie oft habe ich schon gezittert.

Diese Zitterpartie wird ein Ende haben, schwor ich mir. Am Anfang steht ..., ja was? Erst einmal eine neue Tür. Das alte Rolltor ließ sich sowieso nicht mehr richtig schließen. Und wenn schon, dann eine schöne, doppelte Glastür. Bei einem Spaziergang war unser Blick nur auf eines gerichtet: Glastüren. Bis wir eine sahen und dachten: Genau die. Garteninteressen verbinden. Und so klingelten wir bei völlig wildfremden Leuten, die uns nicht die Tür vor der Nase zuwarfen, sondern sich freuten, dass uns ihre Tür gefiel, und uns bereitwillig den Hersteller nannten. Der sogar noch existierte. Der sogar geneigt war, uns genau so eine Tür zu liefern. Die wir sogar bezahlen konnten. Was nicht so selbstverständlich war. Das war im Jahr 1993.

Welch ein Glück: ein undichtes Dach ...
Meine Exoten, die ein Winterquartier brauchten, hatten es jetzt zumindest etwas heller. Außerdem sieht es sehr hübsch aus, wenn von der Straße aus mitten im Winter blühende Kamelien und die dicken gelben Früchte der Zi-

tronen ein ausgesprochen südliches Flair vermitteln. Nur, Platz nach oben hatten sie immer noch nicht. Und es war doch noch recht weit von „meinem conservatory" entfernt.

So unbedingt zufrieden war ich mit dieser Lösung also nicht. Das alte Dach, bedeckt mit Teerpappe, wurde zwar komplett von der Ramblerrose 'Kiftsgate' (im Topf, wie schon erwähnt) überwuchert. Was zwar sehr romantisch wirkte, aber auch mit großem Arbeitsaufwand in Schach gehalten werden musste. Von mir. „Zum Glück" wurde das Dach, immerhin fast 50 Jahre alt, mehr und mehr undicht. Ja, manchmal ist es wirklich von Vorteil, wenn man gezwungen wird zu handeln. Zu leicht findet man sich mit einem Provisorium ab. Da habe ich noch einiges zu bieten. Aber in diesem Fall nicht. Nein, nein, nein ...

Ein undichtes Dach geht nun beim besten Willen nicht. Also haben wir geplant, gerechnet, geordert und ... erfahren, dass wir eine Baugenehmigung brauchen. Eine Baugenehmigung? Für ein lächerliches Glasdach auf einer Garage? Das kann ja wohl nicht wahr sein. Konnte es aber. Auf selbige Baugenehmigung haben wir neun (!) Monate gewartet. Neun Monate, Sie wissen, was sonst neun Monate braucht. Höchstens. Ob die dachten, wir wollen ein Hochhaus bauen?

Wie dem auch sei, auch diese Zeit ging vorbei. Die Genehmigung kam. Nur mit einer Auflage. Wir wollten die Mauern um 30 Zentimeter erhöhen, ebenfalls mit speziellem Dreifachglas. Doch für die Seite zum Nachbarn wurde das nicht genehmigt. Dort musste statt Glas ein Brandschutz hin. Zur Sicherheit des Nachbarn. Glas hätte viel besser ausgesehen, wäre dem Nachbarn auch lieber gewesen und wäre billiger gewesen – all das interessierte nur niemanden. Dann endlich rückten die Handwerker an und teilten mir mit, dass das Betondach unter Verwendung von enormen Wassermengen abgesägt werde. Auf meine Frage, wohin diese Brühe denn fließen würde,

kam völlig verständnislos: „In den Garten natürlich."
Oh nein, auf keinen Fall. Ich war kurz davor, auszurasten und den gesamten Auftrag zu stornieren. Genau in dieser Reihenfolge. Vor beidem hat mich mein Mann bewahrt. Zum Glück. Ich wünsche Ihnen, dass auch Sie jemanden haben, der Sie bei unüberlegten Kurzschlusshandlungen zurückhält. Bei mir ist das von Zeit zu Zeit absolut erforderlich.

Also, die Überschwemmung hielt sich, von mir argwöhnisch beobachtet, von den Handwerkern genervt kommentiert, in Grenzen. Als der Betonklotz ab war: Licht, Luft, dem Himmel ganz nah. Ein erhebendes Gefühl. Zumal die Blutpflaume gerade blühte und ihre duftigen, rosa Wolken zum Greifen nah waren. Dann kam das Dach. Ein wunderschönes Giebeldach. Es sah schon auf dem Lkw imposant aus. Und passte nicht. So manchmal ... Es wurde geflucht, gemessen, beratschlagt und schließlich festgestellt: Das Dach passte schon, nur die Mauern waren schief abgesägt worden. Das Ganze von vorne, weil es so schön war. Zurück ging ja nun nicht mehr. Ich habe mich nicht das erste Mal in meinem Leben damit getröstet:

„... des Lebens ungemischte Freude
ward keinem Irdischen zuteil."
(Friedrich von Schiller)

Experimentieren im gläsernen Gartenhäuschen
Nach vier langen Wochen waren wir fertig. Das Dach und ich. Eine Schattierung haben wir uns verkniffen. Aus Kostengründen. Eine kleine Thermostatheizung war wichtiger, damit die „Garage" frostfrei gehalten werden kann. Und von März bis November sind alle Töpfe sowieso im Garten. Dann wird der Raum zu meiner „Spielwiese". Hier

versuche ich mich im Vermehren. Mit mehr oder weniger Erfolg. Sollte es mir zu heiß werden, kann ich ja flüchten. Was meine Pflanzen nicht können.

Ich kann mich „von" schreiben, dass ich diese Aktion noch im letzten Jahrtausend über die Bühne gebracht habe. Dem Himmel sei Dank, dass ich nicht mehrere Garagen habe. Sonst käme ich vielleicht noch auf den Gedanken ... Es kostet mich keine Nerven, mit meinen Pflanzen umzugehen. Oft durchaus Kraft, Mut und Zuversicht. Aber keine Nerven. Die werden nur durch die statischen Dinge, notwendiges Drumherum und Instandhaltung strapaziert, meist überstrapaziert.

Ich bin aber mit dem Ergebnis zufrieden und froh, durchgehalten zu haben. Nach dem Motto: „Wenn dir das Wasser bis zum Hals steht, darfst du auf keinen Fall den Kopf hängen lassen".

Eine Garage ist es nicht mehr. „Conservatory" hört sich zu hochtrabend an. Unter einem „Glashaus" stelle ich mir eher einen viktorianischen Kristallpalast vor. Also was ist es? Für uns war es von Anfang an das, was es ist: unser Gartenhäuschen.

Klein, aber oho!

Liebe auf den ersten Blick, die gibt es auch im Garten. Vielleicht sogar die erste Liebe. Die wird mit Sicherheit nicht die einzige bleiben. Und das Schöne daran ist, dass all die Lieben auf den ersten Blick keineswegs eifersüchtig aufeinander sind, grün vor Neid werden und versuchen, sich gegenseitig den Garaus zu machen. Im Gegenteil, sie vertragen sich bestens, ergänzen sich, wechseln sich sogar in ihrer Favoritenrolle ab. Ich habe zwar keinerlei Erfahrung, wie es in einem Harem zugeht. Idealerweise wohl aber so.

Sanguinaria ist nicht etwa die Lieblingsdame eines Sultans, obwohl sie alle Attribute dazu hätte: bildschön, exquisit, edel, außergewöhnlich und teuer. Ihr vollständiger Name lautet neuerdings: *Sanguinaria canadensis* fo. *multiplex* 'Plena' (nach der Royal Horticultural Society). Und sie gehört eindeutig zu meinen Lieblingen. Der deutsche Name „Blutwurzel" oder auch „Blutwurz" bezieht sich auf den roten Milchsaft des Wurzelstocks, der Stängel und des Laubs. Er hat also durchaus seine Berechtigung. Passt aber überhaupt nicht zu der hinreißenden, schneeweißen Blüte. Außerdem leicht zu verwechseln mit *Potentilla erecta* mit kleinen leuchtend gelben Blütchen, deren deutscher Name auch „Blutwurz" ist. Aber die beiden sind wirklich nur dem Namen nach zu verwechseln. Deswegen „hört" sie bei mir auf *Sanguinaria*.

Es kommt einer Auferstehung gleich, wenn sich im April die Knospe, eingewickelt in ein Blatt, langsam aus ihrer Umhüllung befreit. Und sich zu einer zauberhaften, schneeweißen, dicht gefüllten Blüte entfaltet. Sie hat eine solche wunderbare Leuchtkraft, dass diese kleine Kostbarkeit auch aus der Ferne, auch aus dem Fenster bewundert werden kann. Sie bräuchten sich also gar nicht in den Garten zu bemühen. Ich gehe allerdings jeden Tag nach draußen, um sie mir aus der Nähe anzuschauen. Bestimmt kein Opfer, da ich sowieso jeden Tag im Garten bin. Ich könnte ja etwas verpassen, unverzeihlich bei dieser kleinen Schönheit. Sie blüht ungefähr eine Woche früher als die ungefüllte Art *Sanguinaria canadensis*, die Ähnlichkeit mit den Waldanemonen hat. Die gefüllte Blüte ist länger haltbar. Eine Rarität, die regelmäßig bei meinen Gartenführungen Aufsehen erregt. Erstaunlicherweise kennen sie die wenigsten. Weniger erstaunlich ist, dass jeder sie sofort haben möchte. Selbst nach der Blüte, wenn ihr Laub erscheint, ist sie ein Hingucker. Die blaugrünen, auf der Unterseite silbrigen, rundlich-nierenförmigen sehr großen Blätter sind äußerst dekorativ und eine Zierde für sich.

Dieses Kleinod ist etwas für Liebhaber und hat, wie könnte es anders sein, seinen Preis. Nur hier habe ich mich, vorsichtig geworden durch meinen Leichtsinn mit der Strauchpäonie, im Vorfeld nach dem Preis erkundigt. Ich wusste also, was auf mich zukommt. Und trotzdem ist es erst einmal ein Schock, wenn man ein daumengroßes braunes Wurzelstück auspackt. Aber man wird reichlich belohnt, von Jahr zu Jahr mehr. Sanguinaria braucht bis zu fünf Jahre, bis sie sich etabliert hat. Bildet dann Horste, die immer üppiger und schöner werden. Für ein Stückchen Wurzel, für etwas, das nicht sonderlich vertrauenerweckend daherkommt, 15 oder auch 20 Euro hinzulegen, kostet schon einige Überwindung. Aber denken Sie daran, was daraus wird – dann ist es fast geschenkt. Vision ist hier gefragt.

Am Rand einer Moorbeetpflanzung, zwischen Rhododendren, Kamelien und kleinen Farnen (die sich „entwickelt" haben), wenn *Sanguinaria* einzieht, mit Vergissmeinnicht, Elfenblume und *Cyclamen* finden sie einen ihnen gebührenden Platz. Sie fühlen sich nur im Halbschatten bis Schatten wohl. Nur hier kommt ihr strahlendes Weiß so richtig zur Geltung.

Sanguinaria canadensis fo. *multiplex* 'Plena'

Platz für die Kleinen gibt's immer
Je kleiner Ihr Garten ist, desto größer wird Ihre Leidenschaft für kleine „Juwelen" werden. Hinzu kommt bei mir noch, dass er dank meiner Sammelwut, gelinde gesagt, gut gefüllt ist. Bäume, große Sträucher, die kann ich mir abschminken. Aber so etwas Kleines, Exquisites – mein Gott, wie viel Platz ich dafür noch habe. Wie viel Platz ich hätte für gefüllte Leberblümchen, für gefülltes *Trillium*. Unendlich viel. Es wäre so schön passend, allein schon wegen der Blütezeiten. Erst von März an das Leberblümchen, gefolgt von meiner genug zitierten *Sanguinaria* und als Abschluss im Mai *Trillium*, das Dreiblatt. Alle gefüllt. Alle Kostbarkeiten, für die es sich zu sparen, auf etwas anderes zu verzichten lohnt oder die Sie sich einmal wünschen können. Anstelle der nächsten Handtasche ein Leberblümchen? Der Preis kommt wahrscheinlich in etwa hin. Je nachdem, wie groß die Pflanze ist, sind 200 Euro keine Seltenheit. Ein sehr schönes weißes Leberblümchen ist, mit vollständigem Namen, *Hepatica nobilis* var. *japonica* 'Suien'. Oder *Hepatica nobilis* 'Rubra plena' mit rosenroten Blütchen. Und *Trillium grandiflorum* 'Snowbunting', das Dreiblatt, wird Sie mit seinen locker gefüllten, weißen Blüten mit gewelltem Rand begeistern. Nun, Sie müssen ja nicht meine Manie für diese kleinen Raritäten teilen. Sie müssen sie auch nicht verstehen. Ich verzichte dafür auf einiges andere. Außerdem gilt, wie so oft im Leben, auch hier: Wenig ist mehr. Chacun à son goût – jeder, wie es ihm gefällt. Oder wie Karl Foerster, der große Staudengärtner, sagte:

*„Wer der Gartenleidenschaft verfiel,
ist noch nie geheilt worden."*

Der Garten – ein Abenteuer!

Auf dieses Abenteuer hätte ich wahrlich verzichten können. Als eines Morgens, genau am Mittwoch, den 18. Juni 2003, die Hälfte unserer großen, alten Blutpflaume quer im Garten lag. Sie begrub den halben Garten unter sich. Wir hatten in der Nacht ein starkes Gewitter. Und Nachbarn sagten unabhängig voneinander, sie hätten einen furchtbaren Knall gehört, einen markerschütternden Schrei. Zum Glück habe ich das nicht gehört. Die alte Blutpflaume blühte zwar rosa – in meinem weißen Garten – doch ich fand, sie hätte dort ältere Rechte als ich mit meinem Farbkonzept. Ich hätte sie nie gepflanzt, aber ihren Tod habe ich bestimmt nicht gewünscht. Sie war mir richtig ans Herz gewachsen: Mit ihrem majestätischen Wuchs, ihrem dunklen Laub, dem duftigen Blütenschleier, sogar die Pflaumen schmeckten lecker.

Ich dachte dann doch tatsächlich, die Gartenfirma hätte eine Möglichkeit, die wacklig stehende andere Hälfte zu retten. Sie wurde wohl eher von der Ramblerrose 'Rambling Rector', die in sie hineinwuchs, gehalten. Aber manche Dinge lassen sich einfach nicht erzwingen, auch wenn ich es noch so sehr wünsche. Das habe ich im Garten, bei der Gartenarbeit, gelernt.

Nach dem Frust die Kauflust

Als die Berge von Blättern, Ästen und der Stamm herausgeschafft, die Wurzeln so weit wie möglich ausgefräst waren, blieben zwei Löcher. Das eine in der Erde, und ein viel, viel größeres in der Luft. Mein Garten war auf einmal so kahl, so verloren ohne die schützende Krone des alten Baums. Es tat weh. Ich weiß zwar, dass Blutpflaumen nach etwa 50 Jahren ihren Zenit überschritten haben, aber das hätte ich nicht mehr erleben müssen. Schließlich habe ich meinen ja auch … „Lebet wohl, geliebte Bäume …", hatte ich noch drei Tage zuvor in meinem Vortrag im Frankfurter Palmengarten gesagt – mit dem Zusatz: „Aber wir brauchen selten von unseren Bäumen Abschied zu nehmen."

Nun ja, jetzt hatte ich die Chance, einen Baum ganz nach meinem Geschmack pflanzen zu lassen – einen Wunschbaum, zum ersten Mal in meinem Leben. Denn eines stand fest: Ich pflanze einen neuen Baum. Die Lichtverhältnisse hatten sich völlig verändert. So viel Sonne wollte ich in meinem Nordgarten nicht haben. Und die anderen Pflanzen wollten das schon gar nicht. Erst noch todtraurig, dann voller Enthusiasmus und Vorfreude habe ich mir eine Wunschliste aufgestellt. Und damit begann die Qual (groß) der Wahl (klein). Es sollte und durfte nur ein kleiner Baum sein, wohlgemerkt: ein klein bleibender Baum, denn der Platz ist nahe an der Grenze zum Nachbarn. Auch nach Möglichkeit keiner aus der Familie der Rosaceae (Rosengewächse), der Familie der Blutpflaume. Da ich mir trotz mühseligen Ausbuddelns von Wurzelresten nicht sicher war, ob ich sie auch wirklich alle erwischt hatte, wollte ich wegen der Bodenverträglichkeit auf Nummer sicher gehen. Damit nicht genug, ich hatte eine ganze Liste mit Wünschen zusammengestellt:

1. winterhart – Der Baum soll bitte mich überleben.
2. laubabwerfend – Ich habe genug Immergrüne, wie Kamelien, Eiben, Kirschlorbeer, mehr wäre in meinem kleinen Garten zu erdrückend. Also keine Immergrüne Magnolie, wie *Magnolia grandiflora* 'Little Gem'.
3. einstämmig – Ich brauche Platz für Unterpflanzungen, ganz wichtig bei meiner Sammelleidenschaft.
4. Tiefwurzler – ein Vorteil bei begrenztem Platz.

Lagerstroemia × *fauriei* 'Natchez'

5. Wenn blühend, dann ... weiß.
6. sommerblühend – Denn mein Frühlingsgarten blüht üppig genug.
7. duftende Blüten – Kein Schneeglöckchenbaum (*Halesia monticola*), kein Hartriegel, keine Stern-Magnolie. Ach, so vieles nicht.
8. schöne, ausgewogene Form – am besten mit Wintersilhouette
9. attraktives Laub – Die Blütezeit ist zu kurz, um nur auf sie zu achten.
10. keine allzu kräftige Herbstfärbung – Ich mag halt kein Orange.

Mehr nicht? Ich wollte doch so gerne etwas Besonderes. Wegen einer Felsenbirne kommt keiner, um meinen Garten anzuschauen. Langsam kam ich mir maßlos vor. „Mein Baum" sollte auch nicht zu jung sein (dazu bin ich zu alt), musste sich noch verpflanzen lassen und zu transportieren sein. Immerhin war ich so realistisch, dass mir von vornherein klar war: Ohne Abstriche wird es nicht gehen. Nur die ersten drei Punkte waren ein absolutes Muss. Das Aussuchen meines Wunschkandidaten war ja schon schwierig genug, aber ihn dann auch zu bekommen? Wenn Sie einmal so richtigen Frust erleben wollen ...

Überraschung! Manchmal kommt es ganz anders

Nachdem wir alle Baumschulen, von A bis Z, im weitesten Umkreis, auch in Holland, durchforstet hatten, sind wir bei Herrn Zwijnenburg in Boskoop fündig geworden. Er versprach, uns einen *Styrax obassia*, einen Storaxbaum, einstämmig zu schneiden, den wir im Oktober abholen könnten. Mit seinen zwei Metern zwar an der Untergrenze, aber er wird wachsen.

Ich habe mich noch nie so auf den Herbst gefreut. Er war nie meine Jahreszeit. Eine Zeit, in der sich alles verabschiedet. Umso wichtiger ist es, etwas zu planen, zu gestalten, zu pflanzen und sich so richtig auf etwas zu freuen. Und dann war der Oktober da. Meine zwischengelagerten Pflanzen aus dem Umkreis der Blutpflaume schauten mich schon vorwurfsvoll an. Sie wollten auch wieder an ihren Stammplatz.

Unser Weg nach Holland führte über Roermond. Da lag es nahe, Harry Theelen, einem Spezialisten für Immergrüne Magnolien, Hallo zu sagen. Und da stand er, ausgepflanzt in seinem Garten: ein Traum von einem Baum. Mit langen weißen Blütenrispen von feinem, süßem Duft. Und das noch Anfang Oktober! Der und kein anderer, dachte ich. Ich hatte mich auf Anhieb in eine *Lagerstroemia* verliebt, in etwas, was ich nicht kannte und schon gar nicht für winterhart hielt. Ein kerzengrader Stamm mit zimtbrauner Rinde, eine Zierde für sich. Als ich dann noch erfuhr, dass das Kleinod die relativ winterharte Hybride *Lagerstroemia × fauriei* 'Natchez' ist, gab es für mich kein Halten. Ich kann, wenn ich unbedingt etwas haben möchte, sehr penetrant sein. Und wenn ich heute daran denke, wie ich Harry Theelen den Baum abgeschwatzt habe, schäme ich mich fast. Er, der Baum, kommt aus Florida von der Cherry Lake Tree Farm. Da aber dort kein Baum dieser Sorte mehr vorrätig war, hat sich Herr Theelen, schweren Herzens zwar, von seinem Prachtstück getrennt. Er hatte ja noch ein schönes rosa blühendes Exemplar. Übrigens: Harry Theelen und ich sind heute noch befreundet.

Von meiner Zehn-Punkte-Liste erfüllt die *Lagerstroemia* alle, bis auf einen. Sie ist nicht sehr tief wurzelnd. Und die Winterhärte würde sich zeigen. Die angegebene Zone sechs bis neun dürfte ausreichen in unserem Frankfurter Kleinklima. Nach dem Motto: „No risk, no fun!". Inzwischen sind über zehn Jahre vergangen, ohne die geringste Spur eines Schadens. „Fun" pur!

Drei Wochen später wurde der Baum geliefert und gepflanzt. Liebevoll von Herrn Theelen selbst. Er musste doch sehen, wo sein Prachtstück eine neue Heimat findet. Nun stand er da, größer als in meiner Erinnerung, begleitet mit meinen aufmunternden Worten:

> *„Wachse, wie aus meinem Herzen,*
> *treibe in die Luft hinein (…)"*
> (Johann von Goethe, abgewandelt)

Und endlich, endlich sah der Garten wieder wie ein schöner Garten aus.

Übrigens habe ich Herrn Theelen regelmäßig zweimal im Jahr angerufen, ihm Fortschritte berichtet und mir Rat geholt. Besonders, was den Schnitt angeht. Bei einer *Lagerstroemia* wird Ende März, Anfang April praktisch der gesamte Neuaustrieb des Vorjahres weggeschnitten, wie bei einer Platane. Sie sieht danach ziemlich kahl aus. Immer wieder werde ich bei meinen Gartenführungen im April gefragt: „Sind Sie sicher, dass der Baum noch austreibt?" So sicher war ich mir anfangs nicht. Jetzt aber bin ich ganz entspannt. Er treibt aus und blüht wunderschön an den einjährigen Trieben im Spätsommer. Selbst im Winter sehen diese Triebe mit ihren Fruchtständen sehr dekorativ aus.

Nur – nun hatte ich ja zwei Bäume. Den bestellten *Styrax* haben wir natürlich abgeholt. Bestellt ist schließlich bestellt. Auf dem Beifahrersitz ist er quer durch Holland nach Frankfurt gereist. Mit seinem wunderschönen großen Laub und den duftenden Blütenglocken im Mai/Juni hat auch *Styrax obassia* einen angemessenen Platz verdient. Was zu einer größeren Umgestaltung führte, im wahrsten Sinne einem „Bäumchen-wechsle-dich"-Spiel. Von wegen Spiel – ein Kraftakt. Ich bin glücklich mit meinen beiden kleinen Bäumen, die auch in weiteren zehn

Jahren kleine Bäume sein werden. Wenn ich an all die Tannen, Zedern und den Mammutbaum in den Vorgärten der Nachbarn denke ...

Und wenn ich an meinen „schwarzen Mittwoch" denke, als der alte Baum gefallen war und an dem ich am liebsten in ein Loch gekrochen wäre, um nie mehr herauszukommen. Dann bin ich so froh, dass ich mich meinem Elend nicht hingegeben habe. Nein, ich habe mich kurz geschüttelt, bin aktiv geworden und habe gewonnen – sogar zwei Wunschbäume!

Neid – etwas ganz und gar Überflüssiges

„Ohne Müh' und ohne Plag'
wird dir nichts geraten.
Der Neid sieht nur das Blumenbeet,
aber nicht den Spaten."

Das habe ich am 1. Oktober 1993 als Motto in mein Gartentagebuch Nummer vier geschrieben. Inzwischen ist die Nummer sechs gut gefüllt. Das Motto ist so aktuell wie eh und je. Ja, auch das gehörte zu meinen Entdeckungen. Leider. Und ich muss gestehen, dass es mir auch heute noch schwerfällt, mit Neid umzugehen. Weil ich ihn nicht verstehe.

Ich gehe in den Vorgarten. Das heißt mittlerweile schleiche ich nur noch in den Vorgarten. Zum x-ten Male, in jeder Hand eine Zehn-Liter-Kanne Wasser. Am liebsten würde ich mich unsichtbar machen. Denn zum Plaudern ist mir wahrlich nicht zumute. Prompt bleibt eine Spaziergängerin stehen: „Haben Sie aber viele Zitronen. Wo haben Sie die denn her? Bestimmt aus Italien. Die müssen aber teuer gewesen sein. Ich kann mir das nicht leisten!"

Rums. Na sicher, ich kann mir auch nicht leisten, die Töpfe nicht zu gießen. Täglich, im Sommer mehrmals. Das sieht niemand. Die Dame sollte sich besser fragen, ob sie wirklich mit mir tauschen möchte. In jeder Beziehung. Sich nur die „Rosinen" herauszupicken, das geht auch im übrigen Leben nicht. Statt dass sie sich mit mir gefreut hätte. So dicke gelbe Zitronen gibt es nicht an jeder Ecke in einem Frankfurter Vorgarten. Nein, sie musste mir meine Laune verderben mit ihren spitzen Bemerkungen. Fast hatte ich noch ein schlechtes Gewissen. Muss man den Erfolg anderer kleinreden? Die Arbeit, die Voraussetzung für den Erfolg ignorieren? Jedenalls war für mich, ohnehin lädiert von der Schlepperei, der Tag gelaufen.

Meistens kommt ja wenigstens noch der Zusatz: „Kann man die essen?" „Aber ja, sie sind sogar viel süßer als die gekauften. Möchten Sie eine haben?" Damit kann man wunderbar den Wind aus den Segeln nehmen. Ich habe mir angewöhnt, in solchen Situationen Pflanzen zu verschenken. „Free" ist das Zauberwort. Das musste ich allerdings erst lernen. Wieso soll ich mich ärgern? Besser beneidet als bemitleidet werden. Im Gegenteil, jetzt habe ich oft Mitleid mit neidischen Menschen. Sie sind doppelt gestraft: Sie ärgern sich nicht nur über das eigene Unvermögen, sondern auch über das Glück und den Erfolg der anderen.

Erfreulicherweise hat sich das Blatt gewendet. Vielleicht liegt es an meinem Verhalten. Ich sehe es inzwischen lockerer und bin großzügiger. Neuerdings höre ich viel öfter: „Sie haben aber viel Arbeit." Ich muss gestehen, so verschenke ich viel lieber etwas.

„Kaum hat mal einer ein bissel was, gleich gibt es welche, die ärgert das."
(Wilhelm Busch)

Ich bin kein neidischer Mensch. Natürlich gibt es genügend Dinge, die ich gern haben möchte. Aber ich neide sie niemandem. Vielmehr frage ich mich, was muss ich tun, um meinen Wunsch Wirklichkeit werden zu lassen. Welche Anstrengungen sind erforderlich? Sind sie es mir wert? Oder komme ich zu der Erkenntnis, dass mir das Gewünschte doch nicht so wichtig ist? Das Einzige, wofür ich mich wirklich krummgelegt habe, damit es kein Traum bleibt, war der Garten. Und das habe ich nie bereut. Ich war nie neidisch, wenn ich einen schönen Garten gesehen hatte. Es hat mich eher angestachelt, auch eine Gartenbesitzerin zu werden.

Es sind nicht nur Zitronen oder seltene Pflänzchen, nein, alles kann Neid erregen. Selbst wenn man ebenfalls etwas hat, gönnt man dem anderen nicht, es auch zu haben. Es würde ja seine Einmaligkeit verlieren. Das zieht sich, unabhängig vom Garten, durch alle Lebensbereiche. Und hat nicht das Geringste mit Geld zu tun. Gerade Menschen, die finanziell aus dem Vollen schöpfen können, die sich alles kaufen können, haben damit oft Probleme. Sie können nämlich überhaupt nicht verstehen, dass es Dinge im Leben gibt, die man eben nicht kaufen kann. Ich habe das erlebt. Vor vielen Jahren gab es ein Porträt von mir in der „Frankfurter Allgemeinen Zeitung". Daraufhin wurde ich von einer Freundin gefragt: „Was hast du dafür bezahlt?" Tja, Initiative, Arbeit und Einsatz. Das lag außerhalb ihres Vorstellungsvermögens. Übrigens war das das Ende der Freundschaft.

Wilhelm Busch wird zu diesem Thema auch folgendes Zitat zugeschrieben:

„Neid ist die aufrichtigste Form der Anerkennung."

Vielleicht die häufigste, mit Sicherheit nicht die schönste. Und auf diese Art der Anerkennung kann ich getrost verzichten. Aber damit umzugehen habe ich gelernt: durch den Garten. Es ist immer wieder verblüffend, wie viele Parallelen es zum normalen Alltag gibt. Ich glaube, das Leben wäre einfacher, wenn es mehr Gärten gäbe. Und natürlich Menschen, die sich darin wohlfühlen und in ihnen Zuflucht suchen. Neid scheint menschlich zu sein. Doch braucht man ihn?

*„Es gibt erfülltes Leben
trotz vieler unerfüllter Wünsche."*
(Dietrich Bonhoeffer)

„Providurium"

Was ist denn ein „Providurium"? Ein Wort, das ich bisher noch nie gehört hatte. Aber davon gibt es schließlich viele: Modewörter, neue Fremdwörter und Wörter, die nur die Jugend, bestimmte Cliquen oder Insider verstehen oder verstehen sollen. In meiner Altersgruppe kommt man sich dann ganz schnell als Außenseiter vor. Eben „außen vor". Zum Glück gibt es aber das Internet.

Demnach spricht man scherzhaft von einem „Providurium", wenn ein Provisorium zur Dauereinrichtung wird. Das Wort könnte für mich erfunden worden sein. Nichts hat sich bei uns als so langlebig erwiesen, wie eine vorübergehende Lösung. Wie ein: „Das lassen wir erst einmal." Wie ein: „Das können wir immer noch." Oder ein: „Später."

Die schmalste Hecke der Welt

Als ich Gartenbesitzerin wurde, wurde (und wird immer noch) die Grenze zu einem der vier Nachbarn durch einen äußerst hässlichen Kunststoffmattenzaun markiert. In einem Farbton, der weder gelb noch braun ist. Dafür sehr auffallend. Eine wahre „Zierde". Der muss weg. Am liebsten sofort. Sie wissen vielleicht, wie das ist: Heizung, sanitäre Anlagen und, und, und. Alles war wichtiger. Leider. Also „später". Nur, jedes Mal, wenn ich zur Haustür rein- oder rausging, schaute ich auf dieses „Kunstwerk". Not macht erfinderisch, ich hatte schon oft Gelegenheit dazu. Dass etwas Efeu vom Nachbarn darüber wuchs, kam mir sehr entgegen. Im doppelten Sinn. Ich habe ihn förmlich herübergezogen. Das war schon etwas besser. Allerdings: Entlang des Zauns verläuft nur ein schmaler Durchgang, die Natursteine reichen bis zur Grenze, die Mülltonne passt gerade noch durch. Fazit: Für Erde ist kein Platz.

Am Eingangstor ließen sich jedoch ein paar Steine entfernen, Platz für einen wilden Wein. Für den Fall, dass Sie noch keine Erfahrung mit diesem Kameraden haben: Nach circa 25 Jahren hat er einen Stammumfang im unteren Bereich von knapp einem Meter. Er wächst durch den Zaun und außen am Zaun des Nachbarn entlang, bis zur Straßenkreuzung, um die Ecke in die nächste Straße, am Haus des Nachbarn (der nichts dagegen hat) hoch, über zwei Birnbäume ... eine Pflanze. Dies nur, falls Sie planen, auf einer Länge von fünf Metern fünf Pflanzen von *Parthenocissus tricuspidata* zu setzen. Er wird sich nicht schämen, Sie in kürzester Zeit zuzuwuchern.

Inzwischen ist von den hässlichen Kunststoffmatten kaum mehr etwas zu sehen. Sie dienen nur noch als Stütze. Den Wein habe ich auf unserer Seite reduziert. Viel schöner, mit besonders hübschen, herzförmigen Randblüten ist die Spalthortensie *Schizophragma hydrangeoides*. Und sie wächst extrem langsam. Da am Ende dieses Durchgangs auch noch Steine entfernt werden konnten, habe ich etwas ausprobiert: eine Lösung für einen Sichtschutz. Zu beiden Seiten stabile Eisenstangen vom Baumarkt, verbunden mit Ketten, ähnlich wie Girlanden. Daran wächst bei uns nun eine Clematis, eine kleine Ramblerrose, besagter Efeu und auch eine Kletter-Hortensie. Jetzt, nach über fünf Jahren, kann ich meine Notlösung durchaus empfehlen. Eine schmalere Hecke gibt es nicht. Und für die Bepflanzung sind der Fantasie keine Grenzen gesetzt.

Lieber charmant als vollkommen

Es gibt jedoch noch mehr „Vorläufiges" bei mir im Garten. Wir haben einen Miniteich. Immer noch. Ein kleines Wasserbecken, am Rand mit Steinen eingefasst. Spätestens an ihm würden Sie sehen, wann das Haus gebaut wurde: Er hat die typische Nierenform der Fünfzigerjahre. Er gefiel mir überhaupt nicht. Nicht viel größer als eine Pfütze. Und als absolute Krönung: mit Fontäne und lila (!) Beleuchtung. Ein Albtraum. Beleuchtung und Fontäne waren schneller draußen als ich sie gesehen hatte. Der Rest musste aus finanziellen Gründen auf später warten. Wie so oft. Dieses „Später" ist bis heute, nach über 30 Jahren, noch nicht gekommen.

Zuerst habe ich mich, der Not gehorchend, an unseren Miniteich gewöhnt. Dann habe ich ihn lieben gelernt. Und jetzt gehört er einfach in unseren Garten. Er ist ein Anziehungspunkt für viele Vögel, Libellen und auch Schmetterlinge. Wasser im Garten, und sei es noch so wenig, bringt Leben hinein, im doppelten Sinn.

Sich mit etwas abzufinden, heißt ja nicht, zu resignieren. Das trifft auch auf das Leben als Ganzes zu. Es gehört Einsicht dazu, die Erkenntnis, dass es gar nicht so schlecht sein muss, erst einmal zu warten. Es kann eine Herausforderung sein, das Beste aus den gegebenen Möglichkeiten zu machen. Die Fantasie zu bemühen. So zu einer Idee zu kommen, auf die Sie bei optimalen Bedingungen und einem Sack voll Geld nie gekommen wären. Mit einem Resultat, mit dem sich nicht nur gut leben lässt. Nein, das durchaus seinen Charme hat.

Charme kann viel reizvoller sein als etwas Vollkommenes. Haben Sie einfach etwas Mut zum Nicht-Perfekten. Warum sich das Leben schwieriger als nötig machen? Es soll doch Freude machen, genau wie der Garten, und nicht in Stress ausarten.

Etwas für die Seele

*„Wer Träume verwirklichen will,
muss wacher sein und tiefer träumen
als andere."*
(Karl Foerster)

Gibt es einen wunderbareren Ort als den Garten? Einen wunderbareren Ort, um sich um seine Seele zu kümmern? Wie kann ich mich um etwas kümmern, das so „unfassbar" ist? Der Begriff „Seele" hat viele Bedeutungen. Und für viele eine andere Bedeutung. Ganz zu schweigen von den unterschiedlichen Kulturkreisen. Philosophen rätselten schon vor über 2000 Jahren, wo die Seele überhaupt sitzt. Ohne das Rätsel zu lösen. Nach neuesten Erkenntnissen des Hirnforschers Professor Gerhard Roth ist sie in unserem Gehirn angesiedelt. Wo auch immer. Für die „Seele", die ich meine, spielt das höchstens eine untergeordnete Rolle.

Die Gesamtheit aller unserer Gefühlsregungen, alles was wir empfinden, alle unsere Wahrnehmungen, alle unsere Vorstellungen, alle unsere Gedanken, verstehe ich unter Seele. Und alles, was ein Genuss für die Seele ist, bereitet unserem Körper Wohlbehagen. Körper und Seele – eine Wechselwirkung. Genau wie der Garten und wir.

Und die Erinnerung spielt dabei eine nicht zu unterschätzende Rolle.

Der Garten als Ort der Erinnerung

Mit Düften sind Gefühle verbunden. Mit dem Duft die Erinnerung. Ob Sie einen Duft mögen oder nicht, hängt oft damit zusammen, welche Erinnerung er bei Ihnen hervorruft. Erinnern heißt auch empfinden. Ich habe sehr gerne die nostalgischen Düfte von Maiglöckchen und Lavendel. Meine Großmutter, eine sehr warmherzige Frau, war stets von diesen Düften umgeben. Maiglöckchen liebte sie über alles. Und ich liebte sie über alles. Ist es da verwunderlich, dass diese Düfte die Saiten meiner Seele zum Klingen bringen? Mich aber auch, wenn ich an diese längst vergangenen Zeiten denke, etwas wehmütig stimmen? Da meine Großmutter bezeichnenderweise im Mai Geburtstag hatte, habe ich ihr als Teenager immer ein Sträußchen Maiglöckchen geschickt. Das heißt: Ich habe eins in Auftrag gegeben. Angekommen sind leider meistens andere Blumen. Nicht vorrätig, zu früh, zu spät, wie auch immer. Was mich zunehmend erboste. Weshalb ich dazu übergegangen war, ihr den Maiglöckchenduft im Flakon zu schenken. Ein guter Wille, aber kein Vergleich.

Kaum nannte ich ein Fleckchen Erde mein Eigen, pflanzte ich Maiglöckchen. Zur Erinnerung. Verbreitet selbst ein kleines Sträußchen seinen charakteristischen Duft, ist im Garten eine erheblich größere Menge erforderlich. Das hört sich leichter an als es ist. Es heißt zwar, sie gedeihen überall. Aber nirgends konnte ich eine Aussage finden, wie lange sie sich dazu Zeit lassen wollten. Sie hatten Halbschatten und humusreichen Boden – und wanderten ab zum Nachbarn. Er hatte plötzlich herrliche Maiglöckchen. Meine. Ich fand das äußerst undankbar.

Sie fanden das anscheinend nach einer Weile auch, denn nach sechs Jahren kehrten sie zurück. Um sich willig auszubreiten. Zu willig inzwischen. Sie wuchern. Ein besonders schönes Maiglöckchen mit großen, himmlisch duftenden Blüten ist *Convallaria majalis* 'Fortin's Giant'. Der englische Name „Lily of the valley" ist bei ihm mehr als treffend.

Das Empfinden von Düften setzt eine gewisse seelische Bereitschaft voraus. Wir müssen in Stimmung sein, und wir haben unsere Vorlieben. Ein altpersisches Sprichwort sagt: „Pflanzendüfte sind wie Musik für unsere Sinne." Wenn Sie bei dem Musikgenuss eines Adagios von Brahms ins Schwärmen geraten, werden Sie vielleicht bei dem nostalgischen Duft von Heckenrosen und Veilchen ebenso ins Schwärmen kommen. Sind Sie eher mit einem wild dahinstürmenden Beethoven zu identifizieren, können Sie sich wahrscheinlich besser mit einem schweren, dominierenden Duft wie dem von Hyazinthen anfreunden. Düfte sind eine verdrängte Dimension. Leider. In Erinnerungen schwelgen, von Düften umgeben den Rest der Welt vergessen. Das fällt gar nicht so schwer. Das können Sie üben. Sie werden sehen, mit der Zeit haben Sie den Bogen raus. Planen Sie doch einfach ein bisschen Muße im Garten ein.

Mit einem Schmunzeln

Die Erinnerung spielt im Garten, bei der Arbeit in ihm, selbst bei Entscheidungen, eine größere Rolle als Sie vielleicht denken. Ich meine jetzt nicht, dass Sie einen Altar aufstellen und Opfergaben darbringen. Es muss auch nicht nur die Erinnerung an liebe MENSCHEN sein. Die Welt ist auch voll von weniger lieben. Vielleicht hatte eine

Convallaria majalis 'Vierländer Glockenspiel'

Erbtante von Ihnen, seit Sie denken können, einen Gummibaum im Wohnzimmer stehen. Nur, sie hatte dummerweise vergessen, Sie bei der Erbschaft zu berücksichtigen. Und schon können Sie Gummibäume nicht ausstehen. Obwohl der arme Kerl ja gar nichts dafür kann. Möglicherweise war Ihnen noch nie klar, weshalb Sie keine Feigen mögen. Beide gehören in die Familie der Maulbeergewächse.

Ich habe mir viele Pflanzen von REISEN mitgebracht. Kamelien aus Cornwall und Kalifornien. Rosen aus Neuseeland, unter erschwerten Bedingungen. *Styrax obassia* und *Lagerstroemia* aus Holland. Rhododendren aus Barmstedt in Holstein, Bad Zwischenahn und Südengland. Apropos Südengland. Mein Mann brachte mir einmal von einer Geschäftsreise einen Rhododendron mit. Ich hatte ihn vorher in einer Gärtnerei bestellt. Gärtnereien liegen in England nicht gerade an der Autobahn, sondern eher abseits auf dem platten Land. Und diese lag besonders weit abseits. Mein Mann bat den Taxifahrer, einen Umweg zu machen, er müsse noch 'Countess of Haddington' abholen. Es war stockfinster. Als er dann wieder zum Auto kam, mit einem großen Koffer in der Hand ... Sie können sich vielleicht das Gesicht des Fahrers vorstellen: Irritiert wäre maßlos untertrieben. Wie konnte er auch wissen, dass es sich bei der „Countess" um einen Rhododendron handelte. Wohlverpackt im Koffer. Und immer, wenn ich vor diesem Rhododendron stehe, mit seinen weißen, duftenden Blüten und seinem exotischen Habitus – muss ich schmunzelnd an diese Geschichte denken.

Nicht nur einmal wurde ich gefragt: „Was mache ich nur mit dieser Rose?" Und nicht nur einmal habe ich mit einer Gegenfrage geantwortet: „Haben Sie eine besondere Beziehung zu ihr? War sie ein Geschenk zum Geburtstag, zur Hochzeit, zu irgendeinem Gedenktag? Zu irgendeiner BEGEBENHEIT, an die Sie sich gern erinnern?" Wenn das zutrifft, lohnt es sich, alles zu tun, um sie so lange wie möglich zu erhalten. Der schönen Erinnerung wegen.

Erinnerung zum Verschenken

Es gibt noch so einige Möglichkeiten, um sich einen ganz persönlichen „Erinnerungsgarten" zu schaffen. Sie brauchen es ja niemandem zu erzählen. Mir macht es Spaß, Pflanzen aus Samen zu ziehen. Erst ist es äußerst spannend, ob sie überhaupt keimen. Dann, nach oft endlos langem Warten, wie sieht die Blüte aus? Bis sie sich voll entwickelt hat – das ist für mich kaum auszuhalten. Schließlich kann man nie wissen, wo sich Bienchen & Co. herumgetrieben haben. Sämlinge sind für jede Überraschung gut.

Selbst wenn die Blüte für kommerzielle Zwecke nicht besonders spektakulär ist – das braucht Sie nicht zu stören. Für Sie ist sie einmalig. Einmalig schön. Bei Ihnen in Ihrem Garten entstanden. Das soll Ihnen erst einmal jemand nachmachen. Und Sie ganz allein können ihr einen Namen geben. Das kann Ihnen keiner verbieten. Einen Namen, mit dem Sie angenehme Erinnerungen verbinden. Ich habe einmal einen Kameliensämling mit schlichten, reinweißen Blüten 'Juliane U.' genannt. Meistens wagten sie bei mir nicht, anders als weiß zu werden. Aber ich hatte auch schon rosafarbene, gefleckte und gestreifte. Alle sehr schön, aber in meinem weißen Garten? Herrliche Geschenke für ganz liebe Menschen. Sehr persönliche mit eigenem Namen, wie 'Christel W.' oder 'Barbara B.'. Im Moment schickt sich ein neuer Sämling an, Farbe zu zeigen. Verdächtig rot. Ich weiß schon, wer ihn bekommt und sich darüber freuen wird.

Nicht nur Kamelien setzen Samen an. Lilien sind sehr willig, Nachkommen zu produzieren, selbst der Schneeball, *Viburnum tinus*. Ich habe einen inzwischen zwei Meter hohen Sämling. Irgendwie habe ich vergessen, ihm einen Namen zu geben. Wie wäre es mit *Viburnum* 'Beauty of Cornwall'? Denn dort muss mir der Samen in die Tasche gefallen sein.

Nun muss sich der Garten ja nicht in eine Kultstätte verwandeln. Aber so ein bisschen Erinnerung, ein bisschen Geheimnisvolles, um das nur Sie wissen, verbindet Sie mit Ihrem Garten auf ganz besondere Art und Weise.

Schön, aber gefährlich

Das trifft auf vieles zu. Zum Beispiel auf Frauen. Von ihnen möchte ich lieber nicht reden. Oder vielleicht doch! Wir Frauen sind anders als Männer. Ganz anders. In jeder Beziehung.

Das Mystische, das Heimliche und Heimtückische scheint im Wesen der Frauen zu liegen. Von der Antike bis heute sind es immer wieder die Frauen gewesen, die eine Vorliebe für Gift haben. Sie greifen seltener zu Pistole oder Messer. Sie morden spitzfindiger, sauberer, mit einem Wort: ästhetischer. Selten im Affekt. Ihr Mord wird geplant, bis ins kleinste Detail. Und je raffinierter sie vorgehen, desto schwieriger ist die Aufklärung.

Dazu brauchten die Frauen fundierte Kenntnisse. Und die hatten sie. Sie hatten die größte Erfahrung mit Arzneimitteln. Und die Grenze zwischen Arznei und Gift ist kaum zu ziehen. Auf die Dosis kommt es an. Wie so oft im Leben.

Helleborus niger

Mordlust – natürlich nur in Gedanken
Was waren, über Jahrtausende hinweg, die Motive der Frauen? War es nur die Lust am Töten? Wohl kaum. Eher Rachsucht, Gewinnsucht, Eifersucht und die Beseitigung von Menschen, die im Wege stehen. Das kann natürlich nie der Ehemann gewesen sein ... Das Gefühl, Macht zu besitzen, etwas in der Hand zu haben, so stark wie ein Mann zu sein, wird wohl auch eine Rolle gespielt haben. Körperliche Kraft durch Klugheit zu ersetzen. Die Tat so zu verdecken, dass sie als Fügung des Schicksals erscheint – eine Stärke des „schwachen Geschlechts". Haben wir das heute noch nötig?

„Ich weiß mir Bessres nicht auf dieser Welt als Gift und Geld"
(Adelbert von Chamisso)

Ich schon. Viel Besseres. Und doch! Egal, ob ich ein wenig im Garten lustwandele und meinen Gedanken nachhänge, egal, ob ich voller Wut in ihn hineingestürmt bin und in ihm Zuflucht gesucht habe: So ein winziger Hauch eines Mordgedankens? Ich könnte ja, wenn ich nur wollte. Allein, es mir genüsslich auszumalen ... wenn ich – oder ... ich brauchte ja nur ... Eine Handvoll Eibennadeln, im Herbst!

Die Fantasie ein bisschen auf Abwegen wandeln zu lassen ist auf jeden Fall besser, als in einem Meer aus Selbstmitleid zu ertrinken. Letzteres liegt mir nicht, da es nichts bringt. Also Mord in Gedanken. Wie viele Möglichkeiten hätte ich! Mein Garten ist voll von Giftpflanzen. Um wie viel ärmer wäre der Garten ohne Geißblatt, Narzissen, Maiglöckchen, Oleander, Schneeball und, und, und. Auf wie vieles müsste ich verzichten. Bei mir spielt Duft immer eine große Rolle. Fast ein Drittel „meiner" Giftpflanzen duftet. Ein Großteil davon blüht weiß.

Himmlischer Duft schützt also nicht vor teuflischem Gift. Eine doppelte Verlockung?

Besser ist, die Schönheit zu bewundern und die Gefährlichkeit zu kennen. Ich kenne sie. Zu meiner Ausbildung als Drogistin gehörte eine Giftprüfung. Ich werde nicht die Blätter der Herbst-Zeitlose mit dem Bärlauch verwechseln. Und den Salat als Krönung mit den blauen Blüten des Eisenhuts verzieren. Höchstens ... nein, so heimtückisch bin ich nicht. Die Auswahl bei mir im Garten wäre riesig. Ich hätte nur noch die Qual der Wahl.

Gut zu wissen, was da wächst

Ein Tag nach Weihnachten. Es schneit. Ein dickes Büschel Christrosen schaut zaghaft aus dem Schnee heraus. Ich stehe davor, überwältigt von dem Anblick. Dem Ganzen wohnt ein Zauber inne. Auch sie gehören zu den Giftpflanzen. Die Christrose mit ihren großen, schalenförmigen weißen Blüten, *Helleborus niger*, blüht von Januar bis März, manchmal schon etwas früher. Bei ihr sind besonders die Samen und die Wurzel mit Vorsicht zu genießen. Beziehungsweise auf keinen Fall zu genießen. Eine Christrose in der Nähe des Hauseingangs soll die bösen Geister fernhalten – auf jeden Fall sieht es sehr hübsch und einladend aus.

Apropos einladend: Trotz meiner vielen Giftpflanzen wächst keine am Gartenzaun. Auch nicht in erreichbarer Nähe. Die scharlachroten Beeren des Seidelbasts wären doch sicher zu verlockend. Dafür möchte ich nicht verantwortlich sein. Ich habe zwei Enkelkinder, die von klein auf bei uns im Garten spielten. Sie wussten, dass sie nichts abrupfen und in den Mund stecken durften. Nur: Dort wuchsen auch Maiglöckchen. Mit attraktiv aussehenden Beeren, die auch noch süß schmecken sollen. Das Risiko war mir zu groß. Ich habe penibel darauf geachtet, alle Blüten zu entfernen, bevor sich auch nur eine

Frucht bilden konnte. Ich liebe schließlich meine Enkelkinder.

Das meiste Gift liegt sowieso unter der Erde. Also ohne große Gefahr. Um manche Pflanze rankt sich aber auch eine amüsante Geschichte. Obwohl als Gewächs nicht gerade spektakulär, die Geschichte ist es mitunter schon. Aus diesem Grund habe ich im Garten *Mandragora officinarum*, die Alraune, Satansapfel, Galgenmännchen oder auch Liebesapfel. Eine sagenumwobene Pflanze, ein Zauberkraut par excellence. Allein die bizarre Form der Wurzel regte früher zu blühender Fantasie an: Man glaubte, in dem verzweigten Wurzelstock eine menschliche Gestalt zu erkennen. Dieser Wurzel schrieb man magische Kräfte zu. Kein Wunder, dass sie zu sündhaften Preisen gehandelt wurde. War man endlich stolzer Besitzer, wurde ein regelrechter Kult damit getrieben: Die Wurzel wurde wöchentlich in Wein gebadet und in Samt und Seide gekleidet. Blieb der Zauber aus, so waren die Leute wenigstens beschäftigt. Also, wenn Sie sich gerne mal wie eine Hexe vorkommen wollen ...

Direkt aus der dicken, fleischigen Wurzel treiben sehr große, breite, dunkelgrüne Blätter mit runzliger Oberfläche und dem Duft von frischem Tabak. Im Frühling erscheinen zartviolette, kleine Blütenglocken. Aus denen sich schon im Frühsommer orangegelbe Früchte – genau genommen Beeren – entwickeln. Sie sehen ein bisschen aus wie Eiertomaten und sollen auch so schmecken. Probiert habe ich sie allerdings noch nicht. Ich ergötze mich an dem Duft der überreifen Früchte: ein weiches, fruchtiges Aroma. Der Duft soll stimulierende Wirkung haben. So kamen die Früchte im Orient zu ihrem Namen „Liebesäpfel".

Die meiste Zeit des Jahres ist die *Mandragora* unsichtbar. Unterirdisch im Reich der Schatten, den dunklen Dämonen zugewandt. Wenn Sie davon absehen, die Wurzel

– um ihren Zauber zu entfalten – bei Mitternacht und Vollmond von einem schwarzen Hund herausziehen zu lassen, hält sich der Aufwand mit dieser Staude in Grenzen. In milden Gegenden winterhart und für Liebhaber des Besonderen eine lohnende Rarität. Besser gesagt: Kuriosität.

An meinem Buch zum Thema Giftpflanzen habe ich über zehn Jahre gearbeitet, recherchiert und – ausprobiert. An mir, wohlgemerkt. Und auch nur, wenn ich es vor mir selbst vertreten konnte. Von Selbstversuchen zur Überprüfung angegebener tödlicher Mengen habe ich abgesehen. Aus reinem Selbsterhaltungstrieb. Seltsamerweise bin ich während dieser Zeit viel öfter als sonst nach dem Wohlergehen meines Mannes gefragt worden. Ich konnte beruhigen: Er lebt nicht nur, es geht ihm ausgezeichnet.

Kein schlechter Tod

Aber irgendwann einmal, wahrscheinlich in nicht allzu weiter Ferne, bringt mich der Garten doch um. Entweder falle ich von der Leiter, wenn ich auf oberster Stufe auf Zehenspitzen versuche, meine Glyzinen in Schach zu halten. Oder ich breche mir das Genick beim Sprung vom Hochbeet, da der Ast, an dem ich mich festgehalten habe, nicht damit gerechnet hat, mir als Stütze dienen zu müssen. Am wahrscheinlichsten ist allerdings, dass man mich, vor Erschöpfung zusammengebrochen, eines Nachts zwischen meinen im Mondschein glitzernden Blüten findet. Weil ich unzählige Kannen Wasser geschleppt habe, nur damit meine Pflanzen die extreme Hitze überleben. Es wäre nicht der schlechteste Tod, als Lebensretter diese Welt zu verlassen.

Frühling – endlich wieder leben

Ich rieche ihn, bevor ich ihn sehe. Das ist lange, bevor der Flieder den Garten in eine Duftwolke hüllt. Das kann im Februar sein, in letzter Zeit oft früher, manchmal auch später. Je nach Verlauf des Winters. Wenn die Erde anfängt zu atmen, so wundervoll lebendig riecht – dann fange auch ich an, wieder lebendig zu werden. Vor lauter Tatendrang möchte ich alles auf einmal machen. Meine Ungeduld zu zügeln, das fiel mir früher sehr schwer. Allein die Erwartung des nahen Frühlings so dicht unter der Erde, bereit, sich den Weg nach oben zu bahnen, setzt bei mir ungeahnte Gefühle und Kräfte frei. Das habe ich dann auch bitter nötig. Ich höre dann auf, „nur zu existieren". Endlich, endlich kann ich wieder „leben". Ein Durchbruch.

Das Schönste am Frühling ist, dass er immer dann kommt, wenn man ihn am dringendsten braucht. Wenn man Winter und Kälte einfach leid ist. Ich bin beides sehr schnell leid. Nur – ohne Winter keinen Frühling. Jedenfalls nicht so einen. Unser Frühling ist die verwandlungsreichste und vielartigste aller Jahreszeiten. Keine andere Jahreszeit der gemäßigten Zone hält größere Geheimnisse und Überraschungen bereit. In einem Land mit „ewigem Frühling" zu leben, das war früher auch ein Traum von mir. Heute nicht mehr. Teneriffa wirbt mit „Insel des ewigen Frühlings". Ich kenne sie nicht. Madeira schon. Zugegeben: Blühende Kamelien in den Palheiro-Gärten oberhalb von Funchal sind sehenswert. Aber es ist ein ganz anderer Frühling als bei uns. Eher etwas verstaubt und müde. Es fehlt die Frische.

Die Taufrischen kommen
Die klassischen Vorboten des Frühlings sind die Schneeglöckchen. Ihnen mag es vielleicht an Größe fehlen, an Frische bestimmt nicht. Sie sind der Inbegriff des „Taufri-

schen". Aber etwas anderes begeistert mich auch jedes Jahr wieder aufs Neue. Und es vergeht kein Tag, an dem ich nicht in den Garten eile, um nach dem Fortschritt von *Iris reticulata* zu sehen. Ich nehme dann auch das unwirtlichste Wetter in Kauf. Egal, wie ich friere. Nur, um ja nicht zu verpassen, wie sich dieses kleine Juwel ans Licht oder sogar durch den Schnee kämpft. Das sieht zauberhaft aus, die violettblauen, geschwungenen und kunstvoll gezeichneten Blütenblätter über dem weißen Schnee. Das ist durchaus möglich, wenn die Kleine Netzblatt-Iris oder auch Winteriris sehr früh dran ist, der Schnee sich jedoch nicht verabschieden kann.

Und das in meinem weißen Garten? In meiner kleinen (circa einen halben Quadratmeter großen) „lila Ecke" blüht es wirklich das ganze Jahr über. Lila! Violett! Dunkelblauviolett! Nach Karl Foersters Motto:

„Es wird durchgeblüht."

Mit dieser kleinen, höchstens zehn Zentimeter hohen Iris nimmt das Blühen seinen Anfang. *Iris reticulata* 'Violet Beauty' ist einfach entzückend: eine Schönheit in ganz dunklem Violett mit interessanten gelben Zeichnungen, den Honigmarken. Ein Frühlingserwachen zum Niederknien. Es lohnt sich, denn nur so können Sie ihren lieblichen Duft wahrnehmen.

Das ist die Jahreszeit, in der ich noch nie gern weggefahren bin. Und sei es nur für ein paar Tage. Und jetzt schon gar nicht mehr. Ich könnte ja etwas versäumen. Das Frühlingserwachen fände ohne mich statt. Nicht auszudenken! Wie lange blüht denn ein Leberblümchen, dessen weiße Sorte eine Rarität ist? Wieder ein Jahr darauf warten? Nein, in dieser Zeit werde ich zum Nesthocker.

Wann beginnt der Frühling?
Sicher ist, dass jeder Frühling anders verläuft. Bis Mai hat die Natur erstaunlicherweise alles wieder aufgeholt. Die aufregendste Zeit für mich ist der Vorfrühling. Ich kann mit der phänologischen Einteilung in zehn Jahreszeiten am meisten anfangen. Das ist kein festgelegtes Datum wie: 1. März = meteorologischer Frühling, oder um den 20. März = kalendarischer Frühling. Wie unterschiedlich mag der Frühling im Hochschwarzwald und in Freiburg sein? Die Einteilung nach dem Blühbeginn ist aussagefähiger. Demnach beginnt der Vorfrühling zum Beispiel mit den ersten Blüten der Schneeglöckchen und der Hochblüte des Winterjasmins. Der folgende Erstfrühling beginnt mit der Forsythienblüte. Bei den Rosenschnittkursen, die ich anbiete, ist es hilfreicher für die Teilnehmer, wenn ich sage: „Schneiden Sie, wenn die Forsythien blühen", als: „Schneiden Sie Mitte März". Es können Unterschiede von Tagen, sogar von Wochen sein. Der Vollfrühling wird durch die Apfel- und Fliederblüte eingeleitet.

Sorgen Sie für früh blühende große und kleine Gewächse. Was Sie jetzt an Schätzen im Garten haben, lässt sich später mit keinem anderen Gehölz aufholen. Und noch wichtiger ist die Vielfalt. Das wird Ihnen spätestens nach einem Extremwinter bewusst. Denn Vielfalt, mit unterschiedlichen Blühzeiten, hilft ungemein gegen Enttäuschungen. Wie hätte ich, nicht nur einmal, bei meinen Frühlingsführungen ausgesehen – hätte ich nur Kamelien im Garten. Ich darf nicht daran denken. Anfangs habe ich sie „Kamelienführung" genannt. Das habe ich abgeändert in „Der Garten zur Kamelienzeit", für mich wesentlich realistischer und stressfreier.

„Das Leben beginnt an dem Tag,
an dem man einen Garten anlegt."
(Chinesisches Sprichwort)

Für mich beginnt das Leben wieder, wenn ich auch nur einen Hauch von Frühling spüre. Eigentlich kein Wunder, denn mein Leben fing genau um diese Zeit an.

Den Herbst positiv erleben

Wenn Sie jetzt denken, ich hätte den Sommer vergessen: „vergessen" nicht, nur, extra erwähnen, ihn herausstreichen und beklatschen, das hat er nicht nötig. Sommer spricht für sich. Ganz anders der Herbst.

Lassen Sie uns den Herbst begrüßen. Ein Loblied auf ihn anstimmen. Wahnsinnig? Nein, noch nicht jedenfalls. Ich meine es durchaus ernst. Ich habe schon viele „Herbste" in meinem Leben überstanden. Inzwischen macht er mir nicht mehr das Geringste aus. Ganz im Gegenteil.

Die Tage werden kürzer, die Blätter fallen, die Temperaturen auch. Bäume scheinen keine Probleme zu haben, ihre Blätter loszulassen. Wie ist es bei uns mit dem Loslassen? Können wir den Sommer loslassen? Klammern wir uns daran fest? Oder sind wir durch die Hitze im August so matt, dass wir uns nach der Frische des Herbstes sehnen? Nach dem fröhlich-lauten Sommer nach der Stille des Herbstes?

Der Herbst ist die Jahreszeit der Melancholie. Unbestritten. Das kann durchaus reizvoll sein. Feiner Regen wie ein zarter Schleier, tief hängende Wolken, der ganze Garten eingehüllt in einen wässrigen Dunst, hier und da Spinnweben wie Engelshaar in kunstvollen Gebilden – sie haben ihren eigenen, besonderen Reiz. Oder etwa nicht? Dann sind Sie entweder noch sehr jung oder Sie haben etwas Wichtiges am Garten vergessen: den Herbstaspekt.

"Ein guter Garten besitzt die Fähigkeit, das persönliche Empfinden auf der Krankheits-Gesundheits-Skala in den positiven Bereich zu verschieben."
(Andreas Niepel, seit 2010 Präsident der Internationalen Gesellschaft GartenTherapie)

Das gilt ganz besonders für den Herbst.

Herbstblühende Seelentröster

Es ist gut, in einer Zeit, in der sich vermeintlich alles im Garten verabschiedet, etwas zu haben, das dann erst anfängt zu blühen. Ich kann zwar nicht so ganz nachvollziehen, wie man bei Regen und Kälte und zunehmender Dunkelheit unbedingt blühen will. Aber manche wollen. Zu unserem Glück.

Zum Beispiel die herbstblühenden Kamelien. Seit ich sie habe, stimmt mich der scheidende Sommer längst nicht mehr so melancholisch. Ich könnte mir keine bessere Pflanze gegen Novemberdepressionen vorstellen. Die zauberhaft blühenden Kamelien mit ihrem orientalisch anmutenden Duft lassen den nahenden Winter vergessen. Viel Freude werden Sie an *Camellia sasanqua* 'Kenkyô' haben, mit weißen, gewellten Blütenblättern. Sie steht bei uns ausgepflanzt im Vorgarten und blüht ab Mitte Oktober. Bei den herbstblühenden Kamelien rate ich zu früh blühenden Sorten. So können Sie schon eine Weile die Blüten genießen, bevor der Frost einsetzt. Bei den frühjahrsblühenden ist es umgekehrt besser: also möglichst spät blühende wählen.

Im Laufe der Zeit bin ich immer mehr zu der Überzeugung gekommen, dass der Herbst die vielgestaltigste aller Jahreszeiten ist. Alterseinsicht? Vielleicht etwas mehr Erfahrung.

Wehmut und Festhalten-Wollen, Wandel und Hoffnung

Als erstes gibt es Pflanzen, die jetzt, im Herbst, NOCH BLÜHEN. Das hat für uns ein bisschen mit Wehmut, mit Abschiednehmen zu tun. Dazu gehören Hortensien, *Abelia grandiflora* und Hostas. Auch unsere Lagerstroemia.

Dann gibt es Pflanzen, die WIEDERKOMMEN. Hier spielt das Festhalten eine Rolle, das Noch-nicht-loslassen-Wollen. *Choisya ternata*, die Mexikanische Orangenblume, blüht im Oktober ein zweites Mal. Auch Rosen, Phlox und Rittersporn, wenn sie rechtzeitig geschnitten wurden.

Ganz wichtig für unsere Seele sind die PFLANZEN, DIE JETZT ANFANGEN ZU BLÜHEN. Denn damit kommt die Erwartung ins Spiel. Und die wird nicht enttäuscht. *Cyclamen hederifolium* 'Album' blüht in allen Ecken meines Gartens. Leider muss ich gestehen, dass ich dieses entzückende Herbst-Alpenveilchen jedes Jahr aufs Neue vergesse. Schlicht und einfach vergesse. Aber unverdrossen, ohne im Geringsten nachtragend zu sein, erscheint es ab Mitte September wie aus dem Nichts. Wer denkt denn auch schon, dass aus diesem völlig zusammengeringelten, braunen, auf der Erde liegenden Etwas ein Blütenstiel mit einem grazilen, anmutigen Alpenveilchen wird? Nicht zu vergessen: *Colchicum autumnale* 'Alboplenum', die Herbst-Zeitlose. Sie wird im Englischen „Upstart" genannt, Emporkömmling, aber auch „Naked Lady". Beides, weil ihre reinweißen Blüten ohne jegliches Laub erscheinen. Wie bei den Herbstkrokussen kommen die Blätter erst im Frühling und ziehen im Juni wieder ein. Die „Naked Lady" ist reizvoll und äußerst extravagant. Mit in diese „Erwartungsgruppe" gehören die Herbstanemonen, Astern, *Clematis chinensis*, Dahlien, *Liriope* aus der Familie der Maiglöckchen-Gewächse und die Blüten des Efeus. Nur, um einige zu nennen. Ist das nicht fantastisch? Wer kann denn da noch schwermütig werden?

Dann haben wir noch die PFLANZEN, DIE SICH VER-ÄNDERN. Ich möchte das als Wandel bezeichnen. Aus Blüten werden Früchte: bei Rosen, Feuerdorn, Geißblatt, *Nandina domestica*, dem Himmelsbambus, und sogar bei Kamelien. Aus grünem Laub wird buntes: *Hydrangea quercifolia* 'Snowflake', die Eichblättrige Hortensie, färbt sich bronzerot, Lagerstroemia goldgelb, *Fothergilla major*, der Federbuschstrauch, wird erst leuchtend rot, dann orange bis hin zu einem Sattgelb, wunderschön und lange anhaltend. Und denken Sie nur an den Wilden Wein, die Felsenbirne oder den Japanischen Feuerahorn, *Acer japonicum* 'Aconitifolium', mit spektakulärer Herbstfärbung. All diese Verwandlungskünstler verlängern das Leuchten im Garten und in unserer Seele.

Und, last, not least, die PFLANZEN, DIE SICH SCHON ENTWICKELN. Sie geben Hoffnung auf die Wiederkehr des Frühlings, mit Blick in die Zukunft. Ein ganz wichtiger Aspekt für den Garten und letztendlich für uns. Kamelien und Strauchpäonien zeigen durch ihre dicken Knospen längst, wo sie im nächsten Jahr zu blühen gedenken. Nicht nur Knospen, auch Blattrosetten sind schon da. Bereit für ihren Auftritt im nächsten Sommer. Der Fingerhut sieht jetzt schon dekorativ aus, ohne Blüten. *Lilium candidum*, die Madonnen-Lilie, ist überirdisch schön mit ihren Blüten und ihrem Duft. Und wie es sich für eine Primadonna gehört, beansprucht sie unter den Lilien eine Extrastellung. Ihre Zwiebeln müssen im August gepflanzt werden, mit nicht mehr als drei Zentimetern Erde über ihnen. Im selben Herbst treibt sie einen hellgrünen, sehr frisch aussehenden Blattschopf, der problemlos überwintert.

„Auch der Herbst hat seine schönen Tage", diesen Satz möchte ich nicht so stehen lassen. Wenn ich mir diese ganzen Pluspunkte vor Augen führe und sie auch wahrnehme, müsste es heißen: „Gerade der Herbst hat viele schöne Tage." Ich selbst bin im Herbst meines Lebens. Und fühle mich ausgesprochen wohl in diesem „Herbst". Es kommt nur auf die innere Einstellung an.

*„Jede Blüte will zur Frucht,
Jeder Morgen Abend werden,
(...)
Auch der schönste Sommer will
Einmal Herbst und Welke spüren."*
(Hermann Hesse)

Winterzeit – Ruhezeit?

Winter. Zeit zum Innehalten. Zeit, um es etwas langsamer angehen zu lassen. Zeit zum Nachdenken. Zeit zum Träumen. Zeit ... Wann hat die ein Gärtner schon einmal? Wenn nicht jetzt, wann dann? Obwohl es erst früher Nachmittag ist, denkt der Tag schon daran, zu Ende zu gehen.

Es besteht überhaupt keine Gefahr, dass wir eventuell zu wenig Arbeit im Garten hätten. Unser „Versorgungsgen" wird aktiviert und gefordert. Winterschutz ist das Stichwort. Nicht etwa, dass der Winter geschützt werden müsste. Der sieht schon zu, dass er nicht zu kurz kommt. So hartnäckig, wie er allzu oft daherkommt. Unsere Pflanzen brauchen unsere Hilfe. Viele gegen Kälte, je nachdem, was wir im Garten haben. Leider erfüllt sich der Traum von einem weißen Winter nur selten. Mit Schnee, der unsere Pflanzen wie in Watte einpackt und schützt. Gut beziehungsweise nicht gut, wenn er nass und schwer auf die Pflanzen drückt; dann kann es zu Schneebruch kommen. Muss es aber nicht, wenn wir wachsam sind und die Last rechtzeitig abschütteln. Aber Schnee haben wir im Rhein-

Main-Gebiet zu selten. Und viel öfter als Winterschutz ist bei uns paradoxerweise Sonnenschutz erforderlich.

Und unsere Vögel sind auch auf uns angewiesen. Gerade im Winter. Nicht nur Futter brauchen sie, sondern auch frisches Trink- und Badewasser. Täglich. Allerdings nur, wenn es frostfrei ist. Sie sollen ja nicht bereuen, dass sie nicht im Süden überwintert haben. Sie sind bei uns geblieben. Das hat eine Belohnung verdient. In unserem Garten herrscht ein emsiges, buntes Treiben. Ist es nicht ein schönes Gefühl, geholfen zu haben?

Der Garten lebt und blüht auch im Winter. Als wollte er uns erfreuen. Das kann er sehr gut mit Kamelien. 'Winter's Snowman' öffnet seine halbgefüllten Blüten mitunter schon Ende Oktober. Gefolgt von 'Cornish Snow' Ende November mit einfachen, kleinen Blüten, die sich aus zartrosa Knospen öffnen. Und dann 'Nobilissima' mit sehr edlen, anemonenförmigen Blüten. Auch schon pünktlich am 24. Dezember. Ich konnte nicht nur einmal am Heiligen Abend mit 'Nobilissima' meinen Tisch dekorieren. Etwas ganz anderes, ganz Besonderes. Alle drei Sorten blühen im Januar immer noch.

Zuversicht im winterlichen Garten tanken

Silvester oder Neujahr sind Tage, die hervorragend geeignet sind, seinem Garten einen Besuch abzustatten. Wahrscheinlich braucht der Garten das nicht. Vielleicht freuen sich die Pflanzen aber doch, wenn sie merken, dass ich auch im kommenden Jahr ein Auge auf sie haben werde.

Ich brauche es jedenfalls. Um in mich zu gehen, das alte Jahr Revue passieren zu lassen und mir zu überlegen, was ich im neuen Jahr ändern möchte und werde. Die Frage, wen ich zu ändern gedenke, erübrigt sich. Das ist mir schon vor längerer Zeit klar geworden. Ich kann mich nur selbst ändern. Oder meine Einstellung – zu Menschen oder Gegebenheiten. Mit den notwendigen Konsequenzen. Aus purem Selbsterhaltungstrieb. Solch ein Gang durch den Garten ist bestens geeignet für einen Rückblick im oder ohne Zorn und einen Ausblick mit Zuversicht. Man kann dabei ruhig reden, die Pflanzen hören es sich geduldig an. Es ist vielleicht keine schlechte Idee, dabei pro forma Reste von Feuerwerkskörpern einzusammeln. Nachbarn oder andere Hausbewohner könnten sonst denken, wir wären seltsam. Was natürlich überhaupt nicht stimmt.

„Der Winter ist keine Jahreszeit, sondern eine Aufgabe."
(Sinclair Lewis, amerikanische Schriftsteller, 1930 Nobelpreis für Literatur)

Ja, so ist es. Die Aufgabe, durchzuhalten und das Beste daraus zu machen. Der Winter war noch nie meine Jahreszeit. Er wird für mich immer das Warten auf den Frühling sein. Seit ich aber den Garten habe, hat er den größten Schrecken für mich verloren. Für Trübsinn ist kein Platz mehr. Und „tot" ist diese Jahreszeit ganz und gar nicht. Wie viel Leben regt sich da, sichtbar oder unsichtbar auf den ersten Blick. Selbst unter der Erde scheint es zu explodieren.

Der Winter ist die Zeit des Planens, des Vorausschauens. Herrlich: Samenkataloge treffen ein; Kataloge für Lilien und Stauden, die im Frühjahr gepflanzt werden wollen; sogar schon Kataloge für Pflanzen, die erst im Spätsommer oder Herbst in die Erde kommen. Wie Iris oder *Cyclamen*. Das ist bei mir überhaupt keine Qual der Wahl. Die einzige Qual besteht dann später darin, wohin mit meiner Wahl? Kommt Zeit, kommt Rat. Einen Platz gefunden habe ich bisher noch immer. Erst einmal ist es purer Genuss. Allein die bunten, reich bebilderten Kataloge durchzublättern. Und mir dann vorzustellen, einiges davon wird in meinem Garten blühen. Es dauert nicht mehr lange – nur noch ein bisschen Geduld.

Das immergrüne Rückgrat des Gartens

Der Januar ist schon ein recht eigenartiger Monat. Die Tage sitzen auf dem Zaun – zwischen der Melancholie des Winters und dem Optimismus des Frühlings. Ich habe schon am 1. Januar einen ganzen Busch Schneeglöckchen entdeckt. Noch nicht vollständig geöffnet, aber deutlich Farbe bekennend. Ich habe mich gleich frischer und jünger gefühlt. Ein Lichtblick.

Kahle, nackte Erde braucht es im Winter nicht zu geben. Die breite Palette der Immergrünen verleiht dem Garten Struktur. Sie sind sozusagen das Rückgrat des Gartens. Bei uns teilen sich Buchskugeln in verschiedenen Arten, Sorten und Größen, Rhododendren und Kamelien diese Rolle. Seit einiger Zeit haben viele Gartenbesitzer Pech mit dem Buchsbaumzünsler gehabt, dessen Raupen die Pflanzen binnen kürzester Zeit kahl fressen. Die Raupen sehen zwar sehr hübsch aus, aber so weit reicht auch meine Liebe nicht. Ich bin auf Jagd gegangen. Mit Erfolg. Wenn Sie jetzt genervt sagen: „Nie wieder Buchs", kann ich Sie verstehen. Die Bekämpfung ist ein Wettlauf mit der Zeit. Zu dem ich auch nicht immer Lust habe.

Es gibt allerdings keine zufriedenstellende Alternative zum Buchs. Höchstens *Sarcococca hookeriana* var. *humilis*. Das einzig Schwierige an ihr ist ihr Name. Den deutschen „Fleischbeere" finde ich hässlich und nicht passend. *Sarcococca* ist ein immergrüner kleiner Strauch, bis 60 Zentimeter hoch, und wächst ohne Schnitt kugelig. Von Dezember bis Januar erscheinen winzige, unscheinbare Blütenbüschelchen. Das Herausragende ist aber der intensive Honigduft. Man nimmt die Pflanze zuerst durch den Duft wahr. Das ist ihre Art, auf sich aufmerksam zu machen. Pflanzen Sie *Sarcococca* an Ihren Eingang, neben die Terrassentür oder vor ein Kellerfenster. So werden Sie auch im Haus ein beglückendes Dufterlebnis haben.

Sarcococca zu beiden Seiten des Eingangs mit Schneeglöckchen und Christrosen, ein entzückendes Arrangement, das an milden Wintertagen himmlisch duftet. Kein Garten braucht im Winter trostlos auszusehen. Und bei uns ist für Trostlosigkeit auch kein Platz. Übrigens: Ich will Sie nicht ärgern, indem ich diesen „Dreiklang" ganz in Weiß gestaltet habe. Die meisten Blüten des Winters sind nun einmal weiß. Zu meinem Glück.

Da wir gerade bei der Musik sind: Läuten die Düfte des Winters, ein süßer Honigduft wie bei *Sarcococca*, der Veilchenduft vom Winterblühenden Geißblatt oder der nussige, an Marzipan erinnernde Duft von *Viburnum × bodnantense* das Ende des duftenden Gartenjahres ein? Geht es ihnen wie den Musikern in Haydns „Abschiedssinfonie", die ihre Instrumente einpacken, die Kerzen ausblasen und einer nach dem anderen verschwinden? Nur zwei Geiger bleiben übrig – seufzend und kümmerlich beenden sie das Stück. Oh nein, es gibt kein Ende. Und schon gar kein kümmerliches. Gerade die Düfte des Winters sind warm. Wollen sie uns mit ihrer Wärme einhüllen, bis die Auferstehungsdüfte des Frühlings zur Stelle sind? Ich glaube schon.

Februar – geteiltes Leid

Der Monat ohne Worte. Womit ich eigentlich schon fertig wäre. Aber wohin mit meinem Frust, meinem Widerwillen und meinen Verwünschungen. Also ...

Ich hasse den Februar von der ersten bis zur letzten Minute. Erfreulicherweise ist es der kürzeste Monat. Nicht auszudenken, wenn ich ihn noch drei Tage länger ertragen müsste. Auch früher schon, vor meiner Zeit im und mit dem Garten, konnte ich ihm nichts, aber auch gar nichts abgewinnen. So lustig ist das nicht, ein kleines Mädchen davon zu überzeugen, dass das gewünschte Dornröschenkostüm zu dünn ist, um es an Fasching spazieren zu tragen. Und das absolut nicht als Bär oder Häschen in wärmendes Fell gesteckt werden wollte.

Verreisen ist auch keine Lösung. Wintersport reizt mich nicht. Also müsste es schon sehr weit weg sein und lange. Vier Wochen. Das wiederum kann ich mir nicht leisten. Aus zwei Gründen: den Kosten, aber auch der Verantwortung meinen Pflanzen gegenüber. Sollen sie alleine frieren? Niemanden haben, der sie zum Durchhalten ermuntert? Außerdem:

„Wer einen Garten hat, braucht weder Fitnessstudio noch Urlaub."
(Dr. Fritz Neuhauser, Gartentherapeut)

Folglich wird hiergeblieben. Die Pflanzen haben schließlich auch keine andere Wahl. Sie können nicht flüchten. Unsere gemeinsame Zeit besteht aus Warten und gegenseitigem Trösten. Ich leide mit meinen Pflanzen. Wenn die Temperaturen in den Keller gehen, ich mich am liebsten verkriechen würde, weiß ich auch, dass meine Immergrünen frieren. Sie sind zwar so klug, ihre Blätter zusammenzurollen, um dem Frost möglichst wenig Angriffsfläche zu bieten. Doch allein der Anblick ...

Schöne Trostpflästerchen

Um unsere große Birke brauche ich mir keine Sorgen zu machen. Auch um Blüten nicht, die nach einem Frost wieder „auferstehen". Obwohl sie vorher platt am Boden lagen. Christrosen und Schneeglöckchen können das meisterhaft. Das war für mich lange Zeit unbegreiflich. Wieso sie und andere nicht? Ich übrigens auch nicht. Bis ich gelesen hatte: „Gegen den Frost wappnen sie sich, indem sie Stärke in Zucker verwandeln, was den Gefrierpunkt der Zellflüssigkeit um etliche Grade Celsius herabsetzt." („Frankfurter Allgemeine Zeitung", Wissenschaft, 27. Februar 2011). Aha! Und was setzt meinen Gefrierpunkt herab?

Das Tückischste ist allerdings die Sonne. Sie glauben gar nicht, wie intensiv eine Februarsonne schon sein kann. Ein unheimlicher Schock für die Pflanzen. Besonders nach einem trüben Januar. Winterschutz bedeutet, so paradox das klingen mag, in erster Linie Sonnenschutz bei den Immergrünen, aber auch bei Rosen. Wir müssen verhindern, dass die gefrorenen Blätter durch die Sonne auftauen. Sie verdunsten dann Feuchtigkeit, während die Wurzeln noch gefroren sind. Aus den gefrorenen Wurzeln wiederum kann keine Feuchtigkeit aufsteigen. Der Kreislauf ist gestört, die Pflanze erfriert nicht – sie vertrocknet. Was aufs Gleiche hinausläuft. Tot ist tot. Deshalb vermeiden Sie nach Möglichkeit bei Rhododendron & Co. einen Standort mit Morgensonne im Winter. Wenn das bei Ihnen nicht geht: Mit Tannenzweigen oder Vlies (nicht mit Folie!) abdecken. Auch wenn es kurzfristig so aussieht, als wäre Christo, der Verpackungskünstler, bei Ihnen zu Gast gewesen. Es ist ja kein Dauerzustand.

Eines meiner Trostpflästerchen in dieser Zeit ist ein Geißblatt. *Lonicera × purpusii* 'Winter Beauty' braucht keine spektakulären Blüten, um aufzufallen. Das besorgt ihr Duft. Einen intensiven Duft, an Veilchen erinnernd, bringt diese „Winterschönheit" in den Garten. Besonders wahrnehmbar an windstillen Tagen. Fast unwirklich. Am besten ziehen Sie dieses „Februarwunder" an einem Spalier unterhalb eines Fensters. So können Sie den Duft aus nächster Nähe genießen. Bei uns halbimmergrün mit mattgrünem Laub. Und entzückenden roten, herzförmigen Beeren. Eine „Winter Beauty" mit Ganzjahresaspekt.

"Kalter Februar bringt ein gutes Jahr."

Diese alte Bauernregel ist für mich ein schwacher Trost. Ich brauchte die Kälte nicht. Einige Pflanzen dagegen schon, um üppig zu blühen und zu wachsen. Wie Flieder und Hosta. Und: Frost reduziert das Ungeziefer. In milden Wintern überlebt zu viel davon, die Plage ist programmiert. Gründe, um einem klirrekalten Februar wenigstens als Gartenmensch etwas abzugewinnen.

Nur, meine Reserven sind im Februar verbraucht. Endgültig. Ich brauche keinen Kahlfrost in meinem Leben. Und mag er noch so sonnig sein. Ich brauche wenigstens den Geruch des Frühlings – ein Frühlingsahnen.

Alle Wetter

Mit dem Wetter ist das so eine Sache. Es kommt ganz darauf an, für wen gerade die Sonne scheint, für wen es regnet. Irgendjemandem passt es immer, und irgendjemandem passt es nicht. Ein wahrer Segen, dass nicht jeder „sein" Wetter machen kann. Das wäre ein Chaos. Der eine wünscht sich strahlende Sonne und mindestens 30 Grad für einen Besuch im Schwimmbad, der andere betet, dass es endlich regnet. Für seine Pflanzen. Aber nicht nur. Es gibt durchaus auch Menschen, die bei Regenwetter zur Hochform auflaufen.

Fritz Walter, Kapitän der Fußball-Nationalmannschaft 1954, fühlte sich bei Regenwetter am wohlsten. Bei dem entscheidenden Endspiel gegen Ungarn hat es ausdauernd geregnet. „Fritz, Ihr Wetter", sagte der Trainer Sepp Herberger kurz vor dem wichtigen Spiel. „Chef, ich habe

Lonicera purpusii

nichts dagegen." Was bekannterweise zu dem „Wunder von Bern" führte.

Wetter, ein Thema mit Unterhaltungswert. Über Wetter lässt sich hervorragend reden, wenn man sonst nichts zu sagen hat. Sie können schimpfen, fluchen, Sie können es verwünschen, selten werden Sie es loben. In England werden Sie mit zwei Themen gut über die Runden kommen: Wetter und Garten. Zwei Themen, mit denen Sie niemandem zu nahe treten.

Selbst das schlechteste Wetter kann einen Gärtner nicht umbringen. Er kann nur gewinnen. Für irgendetwas ist es bestimmt gut. Hagel und Sturm eher weniger. Oder doch. Vielleicht kommen Sie sogar so weit, dass Sie einen Verlust positiv sehen. Sie haben dann Platz für etwas Neues. Dazu gehört allerdings eine große Portion Gelassenheit. Das lernt man früher oder später. Bei mir war es eher später.

Bei großer Hitze und Trockenheit fühlt sich ein Lavendel wohl, während eine Hortensie uns müde und unwillig anschaut. Sie wiederum lebt auf, wenn es kühl und feucht ist, was der Lavendel gar nicht leiden mag.

Flexibel sein – im Garten wie im sonstigen Leben

Klimaveränderungen, Schwankungen, Extreme und Katastrophen gab es auch früher. Nur, die Häufigkeit und immer kürzere Abstände sind besorgniserregend. Wie im täglichen Leben.

Im Sommer 2010 hatten wir in Frankfurt im Juli Temperaturen von weit über 30, sogar 37 Grad. Und eine Woche später 17 Grad. Nicht nur wir haben Mühe, mit diesen Extremen klarzukommen. Für unsere Pflanzen ist das ein unheimlicher Stress. Größere Schwankungen, größere und heftigere Niederschläge, heißere und trockenere Sommer, mildere und feuchtere Winter – das wird wohl die Zukunft sein. Das werden wir nicht ändern können. Jedenfalls nicht als Einzelne.

Die damit verbundenen Veränderungen im Garten werden bei jedem unterschiedliche Gefühle hervorrufen: Der Rasen muss länger, also häufiger gemäht werden, Rhododendron wächst auch schneller und wird somit größer oder zu groß, die Rosenblüten werden größer, was ich nicht unbedingt schön finde. Dass die Blütezeit früher beginnt und die Gartensaison länger dauert – darüber wird kaum einer meckern. Und ich hätte überhaupt nichts dagegen, wenn meine schweren Tontöpfe nicht mehr ins Winterquartier geschafft werden müssten. Und natürlich wieder hinaus. Welche Wohltat für meinen Rücken das wäre.

Wir wissen nicht, was in den nächsten Jahren auf uns zukommen wird. Das wissen wir sowieso nicht, und das ist auch gut so. Eines ist sicher: Wir werden flexibel sein müssen. Im Garten. Nur im Garten? Bestimmt nicht. Flexibilität macht unser Leben leichter und reicher.

Um das Risiko zu streuen, ist es ratsam, viel Verschiedenes zu pflanzen. Möglichkeiten sehen und ausprobieren – Grenzen erkennen und nicht verzweifeln. Tief wurzelnde Bäume und Sträucher, wie Eibe oder Schneeball, werden für die Zukunft besser sein. Auf die wenig sturmfeste Fichte sollten Sie besser verzichten. Das dürfte Ihnen sicher nicht schwerfallen.

*„Wenn die Wurzeln tief sind,
braucht man den Wind nicht zu fürchten."*
(Sprichwort aus China)

Auch eine Magnolie wird mit dem Wandel zurechtkommen. Mit langen Regenperioden im Winter und Trockenheit im Sommer. Das ist aber längst nicht jedermanns und jeder Pflanze Sache. Eine Überlegung wert wäre noch die Begrünung der Hausfassade. Ich weiß, die Meinungen gehen hier sehr auseinander. Aber eine fachgerechte Bepflanzung trägt zum Wärmeausgleich des Hauses bei, ist lebendig in vieler Hinsicht und sieht sehr dekorativ aus.

Wenn Sie den Wettervorhersagen nicht so ganz trauen (obwohl in letzter Zeit, besonders kurzfristig, oft erstaunlich zutreffend) – beobachten Sie Ihre Pflanzen. Ganz davon abgesehen, sollten Sie das sowieso tun. Es ist faszinierend, wie genau Pflanzen Ihnen beispielsweise Regen voraussagen. Gänseblümchen öffnen sich nicht. Und der zuckrigsüße Duft der Lindenblüten ist vor einem Regen besonders himmlisch. Nach diesem Genuss lässt sich doch das bisschen Regen ertragen.

Selbst wenn ich es mir nur einbilde ...

Was hat eine Pflanze von mir, was hat sie von Ihnen, was hat sie von uns Menschen? Was wir von Pflanzen haben, ist weitgehend bekannt: Sie erfreuen uns mit ihren Farben, ihrem Duft und überhaupt mit ihrem „Da-Sein". Durch ihre ätherischen Öle wirken sie beruhigend wie Lavendel, erfrischend wie Minze, harmonisierend wie Rose, stimulierend wie Eukalyptus, sinnlich wie Orange und so weiter. Die Wirkung von Pflanzen und ihren Inhaltsstoffen auf uns Menschen ist weitgehend erprobt. Und von Menschen auf Pflanzen?

Natürlich haben die Pflanzen im Garten eine Menge von uns. Wo kämen sie denn hin ohne uns? Wir pflanzen sie, wir wässern sie, wir schneiden sie, wir pflegen sie. Reicht das? Brauchen sie wirklich nicht mehr? Mit ihrem Verhalten wollen sie uns doch etwas mitteilen. Wir müssen ihre Sprache nur verstehen. Dazu brauchen wir keine Ohren. Nein, unsere Augen. Ich bin einmal gefragt worden, was für mich das wichtigste Gartengerät sei. Meine Antwort: „Die Augen" rief einige Irritation hervor. Das Wohlbefinden der Pflanze, ihren Hilfeschrei, wie soll ich das sonst merken – wenn nicht mit den Augen?

Blätter verfärben sich, verdrehen sich, rollen sich ein, hängen herab. Ich muss wissen, wie eine gesunde Pflanze aussehen soll, um die kleinsten Veränderungen schon ganz am Anfang zu erkennen. Um ihr helfen zu können.

Sie, die Pflanzen, scheinen es auch durchaus zu genießen, einmal eine Hauptrolle zu spielen. Ein Garten lässt sich gut mit einer Bühne vergleichen. Die Kulisse wird von der Umgebung gestellt. Immergrüne, nicht blühende Sträucher und Bäume, wie Buchs und Eibe, sind die Statisten. Nebenrollen können auf reizende Weise die Hauptdarsteller unterstützen. Einige Schauspieler treten relativ kurz auf, haben aber eine enorme Ausstrahlung, wie Kamelien. Andere sind länger auf der Bühne, wie Hortensien. Manche erscheinen sogar mehrmals, wie öfter blühende Strauchrosen. Selbst auf der kleinsten Bühne haben nacheinander viele Platz. Der eine verlässt sie mit „Standing Ovations", der andere wird erwartungsvoll empfangen. Sie alle kommen mit den ihnen zugewiesenen Rollen zurecht. Eifersüchteleien und Mobbing sind ihnen fremd.

Ein Hauptdarsteller in meinem Garten ist *Ribes laurifolium* aus China. Ganz ohne Starallüren. Ein kleiner Strauch für den Halbschatten mit immergrünem, ledrigem Laub. Im Spätwinter, meistens im Februar (gerade dem Monat, den ich so verabscheue), erscheinen entzückende, grünlich-weiße Blütentrauben. Als wüsste er, wie dringend ich gerade in diesem Monat eine Aufmunterung brauche. Dieser exzellente kleine Strauch wird allerhöchstens einen Meter hoch. Nach 20 Jahren.

Verlassen wir die Bühne und kommen wir zurück zum

Thema. Haben Pflanzen Gefühle, sogar ein Gedächtnis? Haben sie eventuell auch einen Charakter? Eine Seele? Können sie eine emotionale Beziehung zu Ihnen oder mir aufbauen? Zuweilen glaube ich das alles. Erwiesen ist es (noch?) nicht. Ich hoffe jedenfalls nicht, dass die Sache mit dem Gedächtnis stimmt. Wie viele Pflanzen müssten mich dann hassen, würden sie sich erinnern.

Tatsache ist: Pflanzen sind Lebewesen. Die durchaus sensibel reagieren und auch in Stress geraten können. Vor längerer Zeit wurde in Frankreich eine Studie mit Zimmerpflanzen durchgeführt: In einem freundlichen, ruhigen Umfeld, vielleicht noch mit heiterer Musik, sahen sie gesund und glücklich aus. Wurden dagegen Türen geknallt und herrschte Zoff in unerträglicher Lautstärke, litten die Pflanzen fürchterliche Qualen und sahen zum Erbarmen aus. Natürlich verstehen sie nicht unsere lauten Schimpftiraden. Aber die Schwingungen nehmen sie wahr. Und die unterscheiden sich in Krieg oder Frieden. Und leiden können die Pflanzen, still vor sich hin.

Das aber müssen sie nicht. Nicht bei mir im Garten. Übrigens: Ihre Schützlinge müssen spüren, dass Sie das Sagen haben. Nur Sie. Ein ewiges Hin und Her von mehreren Leuten, das bekommt ihnen absolut nicht. Kindern, nebenbei gesagt, auch nicht. Die Pflanzen müssen spüren, wer ihr „Herr" ist. Wem sie vertrauen können und folgen müssen. Wenn die Chemie zwischen Ihnen und Ihren Pflanzen stimmt, werden Sie in der Lage sein, ihnen zu helfen, ihnen Kraft zu vermitteln und sie glücklich zu machen. Sie werden in der Lage sein, sie zu lieben, selbst wenn sie (die Pflanzen) es am wenigsten verdient haben. Denn dann brauchen sie es am meisten. Nebenbei bemerkt: Die Menschen auch. Jetzt sagen Sie bloß noch, Pflanzen hätten keine Gefühle. Wenigstens möchte ich das glauben. Warten Sie nur, wenn ich erst zu Streicheleinheiten und Drohungen komme ... im nächsten Kapitel.

„Und bist Du nicht willig, ...

... so brauch ich Gewalt."
(Johann Wolfgang von Goethe)

Von wegen Erlkönig. Wie oft habe ich diesen Satz schon gesagt. Zu meinen Pflanzen. Ich habe drastische Maßnahmen nicht nur angedroht. Oh nein, ich habe sie auch in die Tat umgesetzt, wenn es nötig war. Erstaunlicherweise jedoch war es das gar nicht so oft. Die Pflanzen müssen meine wilde Entschlossenheit „gespürt" haben und haben sich rechtzeitig besonnen.

'Jannet B. Wood' ist vermutlich eine sehr alte Sorte aus der Gruppe der Ayrshire-Ramblerrosen. Sie wurde aber erst in der zweiten Hälfte des 20. Jahrhunderts wiederentdeckt. Und wenig später von Peter Beales, dem weltweit bekannten englischen Rosenschuler, erneut in den Handel gebracht. Mit ihren weißen, halbgefüllten Blüten in lockeren, zierlichen Büscheln hatte sie schnell mein Herz erobert. Nur, zu bekommen war sie nicht. Einfach nicht zu kaufen. Noch nicht, hieß es überall. Da Sie mich in der Zwischenzeit schon etwas näher kennen, ahnen Sie sicher ... Nun, wie dem auch sei, ich kam zu einem kleinen Stückchen Zweig. Einen Zweig mit Augen, aus denen sich die gewünschte Sorte veredeln lässt. Wenn man es kann. Ich kann es nicht, kenne jedoch jemanden, der es hervorragend kann: Heinrich Schultheis aus Steinfurth. Er verhalf mir zu einer 'Janet B. Wood'. Zierlich und zu klein, da ich nicht warten konnte.

Ich habe sie gehegt und gepflegt, gelobt und ihr gut zugeredet. Und was tat sie? Nichts, absolut nichts. Für meine Verhältnisse war ich ein Muster an Geduld. Bis zu einem gewissen Grad. Schließlich stand sie (besser: sollte sie stehen) an unserem Essplatz und sollte mit ihrem Duft nach einem spritzigen Riesling zur Feierabendstimmung beitragen. Duft, Blüten? Dass ich nicht lache, nicht das kleinste bisschen Leben. Es ist ein Katzensprung von ihr in den Keller zum Spaten. Doch dann dachte ich: „Das gibt es nicht. Das kann es nicht geben. Wenn ich das erzähle, denkt jeder, ich sei nun total übergeschnappt." 'Janet B. Wood' hatte keine fünf Minuten, sich eines Besseren zu besinnen. Um ein vielversprechendes „Auge", einen Vegetationspunkt zu entwickeln. Oder vielmehr: Für mich sichtbar zu machen. So wurde der Spaten unverrichteter Dinge zurückgebracht.

Obwohl 'Janet B. Wood' eine Kletterrose ist, haben wir sie als freitragenden Strauch mitten im Garten stehen. Ihre langen, schlanken Zweige fallen in einer Höhe von circa 1,50 Meter kaskadenartig herab, was sehr zwanglos wirkt.

Offener Strafvollzug mit Streicheleinheiten

Die Story mit der weißen Glyzine, die erst wollte, als sie ihre Nachfolgerin in Sichtweite hatte, habe ich schon erzählt. Ich kenne keine Pflanzengattung, die diesbezüglich ohne Launen ist; die immer tut, was ich möchte; die nicht so eigensinnig ist. Pflanzengattung? Warum erinnert mich das nur an ...?

So auch *Rhododendron* 'Sarled'. Vor über 15 Jahren aus England mitgebracht, gezüchtet in meinem Geburtsjahr. Eine reizende Pflanze, ganz außergewöhnlich. Die bei mir alles andere als reizend aussah. Mickrig wäre schon geprahlt. Das Schöne an Gärtnern ist unter anderem, dass sie miteinander reden. Über Pflanzen. So klagte ich Heinrich Schultheis mein Leid. „Da packst du sie mal kräftig, roppst sie hin und her. Sie denkt, sie müsste verrecken, und du wirst sehen, das hilft." Typisch Heinrich Schultheis, ein Original. Nur, ich dachte, er nimmt mich auf den Arm und macht sich über mich lustig. Da ich nichts zu verlieren hatte, habe ich „geroppt", gezogen, ge-

schüttelt ... Und siehe da ... 'Sarled' ist heute 60 Zentimeter hoch, sehr kompakt, mit winzigem Laub und Büscheln winziger weißer Blütchen den gesamten Mai hindurch.

Garten und Egoismus – das funktioniert einfach nicht. Weil Leidenschaft zuweilen auch Leiden schafft, muss die Begeisterung nicht unbedingt auf Gegenseitigkeit beruhen. Sie finden vielleicht den ausgewählten Platz für eine Pflanze optimal. Die Pflanze dagegen kann Ihre Meinung nicht teilen. Anstatt sie wutentbrannt zu entfernen, geben Sie ihr eine Chance. „Rausroppen" können Sie immer noch. Ich habe zwei Kamelien, die sich anscheinend überlegten, sich von mir zu verabschieden. Nun habe ich einen Platz im Garten, den man als „offenen Vollzug" bezeichnen könnte. Geschützt, etwas versteckt, aber integriert. Strafversetzt mit Chance zur Besserung. Beide haben sich an diesem Platz prächtig erholt.

Drastische Maßnahmen androhen ist die eine Seite, ihnen Streicheleinheiten zukommen lassen die andere. Es genügt nicht, mit den Pflanzen zu sprechen. Man muss ihnen auch „zuhören" können. Sie machen auf sich aufmerksam. Sie zeigen uns, was ihnen behagt. Und mit der Zeit wissen wir, was ihnen behagt. Kamelien. Schon wieder, werden Sie denken. Von ihnen habe ich nun einmal die meisten Sorten. Und mit ihnen die meiste Erfahrung. Also, eine Kamelie ist nicht gern allein. Sie ist gern unter ihresgleichen. Sie haben nichts dagegen, eng beieinander zu stehen, zumindest brauchen sie Sichtkontakt. Eine Pflanze, die sich als Solitär nicht wohlfühlt. Fragen Sie mich bitte nicht, warum. Ich weiß es nicht. Mir ist keine botanische Erklärung bekannt. Ich habe das nur immer wieder beobachtet und mich danach gerichtet. Warum sollte ich ihnen nichts Gutes tun? Wo sie sich mit Dankbarkeit revanchieren. Was ansonsten heutzutage nicht so selbstverständlich ist. Ganz nebenbei: Durch das Geselligkeitsbedürfnis der Kamelien wächst ihre Anzahl in meinem Garten unaufhörlich. Was natürlich überhaupt nichts mit Egoismus zu tun hat.

Ein Stückchen heile Welt

Wo, bitteschön, soll die heile Welt sein, wenn nicht in den eigenen vier Wänden, besser noch im eigenen Garten? Was so alles in der großen Welt vor sich geht, das können wir als Einzelner wenig beeinflussen. Selbst, wenn es uns noch so quergeht. Aber in unserem näheren Umfeld haben wir es in der Hand, uns eine Wohlfühlatmosphäre zu schaffen.

Beglückend: tierische Freunde
Indem ich dafür sorge, dass es Vögeln, Libellen, Igeln und Fledermäusen bei mir gefällt, sorgen sie alle für Leben im Garten. Wir haben Fledermäuse, seit vielen Jahren. Einem Sommerabend, ohne dass sie ihre Kreise über unserem Garten ziehen, fehlt etwas Wesentliches. Für uns ist die Welt in Ordnung, wenn sie sich blicken lassen. Genug altes Gemäuer gibt es in der näheren Umgebung. Vielleicht wohnen sie ja bei uns im Dachboden. Ich hätte nichts dagegen.

Es zwitschert, singt, flattert und raschelt im Garten. Vögel haben wir viele. Oft kommt mir der Garten wie eine Voliere vor. Mit dem Unterschied, dass die Tiere freiwillig hier sind. Und jederzeit wegkönnten, wenn sie wollten. Sie wollen nicht. Sie haben Futter, Wasser und Rückzugsmöglichkeiten. Dafür sorge ich. Am liebsten ist mir das Rotkehlchen, das seinem Namen alle Ehre macht. Von mir liebevoll „Robinchen" genannt, abgeleitet vom englischen „robin". Robinchen hat so schöne große Augen und ist sehr zutraulich. Wenn ich im Garten arbeite, besonders wenn ich in der Erde wühle, begleitet es mich, folgt mir auf Schritt und Tritt. Wir erledigen dann die Gartenarbeit gemeinsam. Ein beglückendes Gefühl. „Robinchen" fühlt sich unter Gebüsch, wo es schattig und eher feucht ist, wohl. Unter liegen gebliebenem Laub findet es Insekten, und die beerenartigen Früchte des Seidelbasts sind ein Leckerbissen. Für Rotkehlchen. Auf keinen Fall für Sie. Sie könnten Ihre letzte Nascherei sein. Für Erwachsene sind zehn Beeren tödlich, für Kinder entsprechend weniger. Also, bitte. Außerdem schmecken sie nicht.

All das findet das Rotkehlchen bei uns vor. Auch genügend Wasser. Es badet nämlich ausgesprochen gern und oft. Sehr niedlich hüpft es am Boden herum. Was ich mit Sorge betrachte. Mit ein Grund, weshalb ich Katzen in meinem Garten verjage.

Über ein Jahr wohnte bei uns ein Igel. Ich habe ihm sogar ein Igelhaus gekauft. Das Haus ist noch da, der Igel leider nicht. Ich glaube, unser Garten war ihm auf Dauer nicht naturnah genug.

Liebe deine Nachbarn ...

Zum Wohlfühlen, zum In-Frieden-im-Garten-Leben gehören letztendlich – die Nachbarn. Das Leben ist zu kurz und zu schön, als sich über Nachbarn zu ärgern. Ändern können Sie sie sowieso nicht. Wir hatten, als wir mit Renovierung und Nerven fertig und eingezogen waren, alle Nachbarn, auch die von gegenüber und um die Ecke, zu einem Umtrunk eingeladen. Es kamen alle. Und das Erstaunliche war, dass einige, die seit vielen Jahren dort wohnten, sich erst bei uns kennengelernt haben. Übrigens hat das in der Zeit, in der wir hier wohnen, keiner nachgemacht. Eigentlich schade.

Nichtsdestotrotz haben wir die unmittelbaren Nachbarn zu unseren Gartenfesten mit eingeladen. Sie konnten kommen oder wussten so Bescheid, dass es etwas lauter werden könnte. Damit wurde ihnen der Wind aus den Segeln genommen. Die meisten kamen.

Gartengeräte auszuleihen kann zur guten Nachbarschaft beitragen. Vertikutierer, Heckenschere oder eine überdimensionale Leiter braucht man nicht jeden Tag. Ideal wäre es, wenn man sich absprechen und gegenseitig ausleihen würde. In einer Redewendung heißt es:

„Der Nachbar ist ein Mensch, der die geliehene Schneeschaufel zurückbringt, wenn er sich den Rasenmäher ausleiht."

Eventuell auch noch verdreckt. Allzu oft wird er das nicht machen können.

Ein anderes Thema ist die Toleranz. Auf beiden Seiten. Mich stört nun Lärm von überflüssigen Geräten bedeutend mehr als überhängende Zweige. Der Nachbar sieht es vielleicht umgekehrt. Aber sich deshalb in die Haare kriegen? Oder Unkrautsamen über den Zaun werfen? Soll es geben. Aber nicht bei mir. Ein Nachbarschaftsstreit wäre das Letzte, was ich zu meinem Glück brauchte. Kennen Sie die Geschichte von dem Knallerbsenstrauch und dem Maschendrahtzaun? Schauen Sie mal im Internet nach.

„Liebe deine Nachbarn, aber reiße den Zaun nicht ein." So lautet ein altes Sprichwort. Doch gerade das haben wir bei einem unserer Nachbarn gemacht. Beide fanden wir den Zaun – übrigens auch Maschendraht – nicht attraktiv. Streichen war keine Alternative. Ein kompakter Zaun einengend. Warum eigentlich nicht ohne? Gemeinsam wurde er entfernt, mit folgender Auflage: Sollte einer von uns das Gefühl haben, er braucht wieder einen Zaun, wird erneut verhandelt. Das war vor über fünf Jahren. Bisher hatte keiner dieses Gefühl. Es findet allerdings kein „kleiner Grenzverkehr" statt. Wir respektieren die unsichtbare Grenze, die so unsichtbar gar nicht ist. Mit Sträuchern und auch einem Klettergerüst für Pflanzen ist schon für

Abstand gesorgt. Beide Gärten wirken dadurch größer. Eine echte Win-win-Situation.

Mit jedem Nachbarn würde ich das allerdings nicht machen. Hecken können auch sehr zum Frieden beitragen. Geräusche lassen sich wesentlich besser ertragen, wenn Sie die Ursache nicht sehen müssen. Unsere Eibenhecke wird von uns auch auf der Seite des Nachbarn geschnitten. Wir kommen von seiner Seite aus besser an den oberen Teil, und er hat eine ordentliche Hecke.

Wir sorgen für eine gut funktionierende Nachbarschaft. Immer fällt es nicht leicht. Aber sollen wir uns das Leben im Garten, dem letzten Luxus unserer Zeit, vermiesen lassen? Nicht, wenn ich es ändern kann. Ich tue sehr viel und tue es gern, um mein Stückchen heile Welt zu erhalten.

Ein bisschen Glamour

Magie, Nostalgie, Schnickschnack, Chichi. Im Garten? Warum eigentlich nicht? Wenn es Ihnen gefällt. Wenn nicht, lassen Sie dieses Kapitel am besten aus.

*„Man muss nicht erst sterben,
um ins Paradies zu gelangen,
solange man einen Garten hat."*

Eine Weisheit aus Persien. Für jeden von uns wird der Traum von einem Paradies anders aussehen. Ob nun Gartenzwerge oder magische Beleuchtung, das ist Geschmackssache. Den Dingen, die ich meine, ist eines gemeinsam: Sie sind überflüssig. Edel, schön, romantisch, kitschig. Keiner braucht sie. Oder doch?

Eventuell unsere Seele. Wo könnten Sie sich besser austoben als in Ihrem Garten? Mein Hang zu Romantik

äußert sich unter anderem in „Cloches" oder Glasglocken. Ich sammle sie und werde auf Gartenausstellungen oder in Antikläden immer wieder schwach. Im Winter verteile ich sie im Garten. Sie sehen nicht nur dekorativ aus. Sie sind auch ein hervorragender Winterschutz für empfindliche oder vorwitzige Pflanzen. Oder meine Wasserträgerin, leider nur eine Figur aus Stein. „Gott, wie kitschig", werden viele denken. Mir gefällt sie. Und alles andere ist mir egal. Es ist mein Garten. Zwei von der Sorte wären eindeutig zu viel des Guten.

Skulpturen können als Blickfang dienen. Gut ausgewählt und geschickt platziert, geht von ihnen ein Zauber aus. Am Ende eines Weges oder in einer Ecke, umspielt von Pflanzen, ist eine Skulptur idealerweise ein Anziehungspunkt. Der Lust macht, hinzugehen. Aber denken Sie daran: Wenig ist auch hier mehr. Dass es Ihnen nicht so geht wie bei Wilhelm Busch:

„Jeder Wunsch, wenn er erfüllt,
Kriegt augenblicklich Junge."

Illusionen sind wie schillernde Schmetterlinge: Mit Spiegeln können Sie tolle Effekte erzielen. Allerdings nur, wenn sie etwas Schönes reflektieren. Die einst hässlichste Ecke unseres Gartens ist heute eine der attraktivsten – durch zwei Spiegel, die im Winkel zueinander stehen. Der berühmte „Trompe-l'Œil"-Stil, eine Vorspiegelung falscher Tatsachen, entwickelte sich in der Renaissance. Und ist wieder im Kommen. Bei uns hat man von einer Stelle des Gartens den Eindruck, es wäre ein Durchgang zu meinem nächsten Garten. Leider, leider nur ein Traum. Eine Illusion – geheimnisvoll und romantisch. Es fällt mir nicht schwer, die Wirklichkeit auszublenden.

Ich habe die Spiegel seit über 20 Jahren. Dieselben Spiegel an derselben Stelle. Aus ganz einfachem Material, auf meinen Wunsch in der Glaserei zugeschnitten. Sollten Sie das nachmachen wollen, achten Sie darauf, dass die Spiegel sich nicht in der Einflugschneise von Vögeln befinden. Sie dürfen nicht zu einer Falle werden. Wenn Sie keinen geeigneten Platz haben, aber Spiegel und ein bisschen Glamour mögen – stellen Sie ein kleines Sträußchen Schneeglöckchen auf einen hübschen Spiegel. Erstens eine hübsche Tischdekoration. Und zweitens: Sie werden überrascht sein, wie zauberhaft Schneeglöckchen von unten aussehen. Und das ganz ohne Bücken.

Ein ständiger Lernprozess

*„Zwar weiß ich viel,
Doch möchte ich alles wissen."*
(Johann Wolfgang von Goethe)

Ganz schön von sich eingenommen, Fausts Gehilfe Wagner. Und doch so naiv. Als könnte jemals jemand alles wissen. Dieses Zitat lässt sich nur mit Humor und leichtem Zynismus verwenden. Um seine Neugier nach Wissen auszudrücken.

Alles wissen? Und auch noch im Garten? Ganz unmöglich. Viel eher trifft der berühmte Ausspruch Karl Foersters, des großen Staudengärtners zu:

*„Wenn ich noch einmal auf die Welt komme,
werde ich wieder Gärtner –
und das nächste Mal auch noch.
Denn für ein einziges Leben wird
dieser Beruf zu groß."*

Er hat sein ganzes Leben der Passion Garten gewidmet und wurde 96 Jahre alt. Wie oft müsste ich dann wieder auf die Welt kommen?

Es ist noch kein Meister vom Himmel gefallen

Alles fängt irgendwann einmal an. Zum Einzug in unser Haus habe ich mir ein GARTENBUCH gewünscht und bin losgezogen. Du lieber Himmel, welche Auswahl. Ich war ja schon damit überfordert. Also entschloss ich mich für ein Standardwerk über Gartenpflanzen. Mit Bildern, wohlgemerkt. Um einen Anhaltspunkt zu haben.

„Wer die Leiter hinaufklettern will, muss bei der untersten Sprosse anfangen." Ein deutsches Sprichwort, das ich verinnerlicht habe. Es ist nicht bei dem einen Buch geblieben. Das Bücherregal musste schnell erweitert werden. Inzwischen sind es Hunderte. Heute ist es auf der einen Seite leichter, durch das Internet. Es ist aktuell, und Sie können schnell etwas nachschlagen. Sie müssen jedoch wissen, was Sie suchen. Das ist am Anfang schwer. Den Überblick, den Durchblick – das vermittelt ein Buch einfach besser. Ich lese immer noch sehr viel, obwohl ich das Internet nicht missen möchte.

Sie werden sehen, wenn Sie einmal Blut geleckt haben, gibt es kein Halten mehr. Schneller als Sie denken, finden Sie sich in einer BAUMSCHULE wieder. Ich wünsche Ihnen wirklich, dass Sie dort an jemanden geraten, der Ihre Wünsche versteht. Was nicht heißt, dass er zu allem „Ja und Amen" sagt, was Sie sich vorstellen. Und ich wünsche Ihnen nicht, dass er Ihnen in derart muffliger Weise erklärt (wie es Gärtnern zuweilen eigen ist), was er von Ihnen hält. Ich kann ein Lied davon singen.

Die Anregungen, die ich in Baumschulen bekommen habe, waren für mich eine große Hilfe. Sehr bald kam bei mir der Wunsch auf, meinen Horizont zu erweitern. Im wahrsten Sinne des Wortes. GARTENMESSEN, Pflanzenmärkte, Gartentage, Blumenzwiebeltage, Flower Shows, Plant Fairs, Kwekerijdagen, Festivals des Jardins …

Ich glaube, wenn man die Zeit, das Geld und den Platz (im Auto und im Garten) hat, kann man problemlos fast das ganze Jahr auf diesen Veranstaltungen zubringen. Mit großem Genuss. Darüber hinaus ist so ein Besuch sehr bereichernd. Für uns Besucher. Für die Aussteller auch, hoffe ich zumindest. Man trifft Leute, Gleichgesinnte. Niemand wird dort hingehen, bei Wind und Wetter, wenn er Pflanzen nicht leiden mag. Es wimmelt vor Fanatikern, von denen viele bestimmt nicht mehr auf der untersten Sprosse stehen. Warum sich nicht von ihnen „Kletterhilfe" geben lassen? „Haben Sie schon gesehen, da vorn gibt es einen ganz neuen Farn?" Ich hatte natürlich nicht. „Sie müssen sich beeilen, er hatte nur noch drei." In unglaublich kurzer Zeit hatte er nur noch einen. Und den auch nicht mehr lange, weil ich jemanden traf ... Ja, so geht das.

Gespräche sind unheimlich wichtig. Ich habe immer sehr viel aus und bei ihnen gelernt. Und ich lerne immer noch. Dazu bin ich noch nicht zu alt.

„Man bleibt jung, so lange man noch lernen, neue Gewohnheiten annehmen und einen Widerspruch ertragen kann".
(Marie von Ebner-Eschenbach)

Während einer Gartenreise nach Südengland lernten wir Logan Edgar kennen. Ein reizender Herr, der sich nach seiner Pensionierung intensiv mit Kamelien beschäftigte. Und auch ausgesuchte Sorten verkaufte. Nun fällt es mir nicht schwer, auf Menschen zuzugehen und mit ihnen ins Gespräch zu kommen. Besonders nicht, wenn sie so nett sind. Seine Nursery war „sehenswert": ein Stückchen nacktes Land, ein kleiner, ganz einfacher Folientunnel und ein alter, ramponierter Wohnwagen, in den er uns einlud. In diesem äußerst bescheidenen Rahmen verbrachten wir mit ihm sehr vergnügliche und für uns sehr lehrreiche Stunden. Für ihn, den ehemaligen Juristen, sicher weniger. Umso mehr bewundere ich noch heute im Nachhinein seine Geduld, mit der er all meine Fragen beantwortete. Nicht nur das: Durch ihn lernten wir andere, größere Nurseries kennen. Und durch seine Vermittlung wurden uns Tore zu Privatgärten geöffnet, zu denen wir alleine niemals Zugang gehabt hätten.

Unwillkürlich kommt nun die Frage: Was hatte er davon, außer dass wir ihm seine Zeit gestohlen haben? Langeweile mussten wir ihm nicht vertreiben. Schließlich schrieb er noch an einem Buch. Ich hoffe jedenfalls, Logan Edgar hat es Spaß gemacht, sein enormes Wissen weitergeben zu können. Und Zuhörer gefunden zu haben, die dieses Wissen aufgesaugt haben wie ein Schwamm.

Es versteht sich von selbst, dass ich bei ihm eine Kamelie erstanden habe. 'Quintessence', mit kleinen, weißen, nach Honig duftenden Blüten. Wenn sie nicht schon so heißen würde, müsste man sie so nennen. Die Pflanze wirkt ausgesprochen zierlich, wächst mehr breit als hoch und ist in unserem Klimagebiet (noch?) nicht fürs Freiland geeignet. Wir hatten sie 1993 in einen schönen, schlichten Terrakottatopf gepflanzt, in dem sie immer noch steht, nicht mehr als 30 Zentimeter hoch, aber inzwischen doppelt so breit.

Es blieb nicht der einzige Besuch bei Logan Edgar. Mehr und mehr wurden wir zu Gesprächspartnern. Von seinem Wissen profitiere ich immer noch. Das ist etwas, was man nicht kaufen kann. Und als Erinnerung an ihn habe ich 'Quintessence'. Ich werde sie gut pflegen.

„Also lautet der Beschluss:
dass der Mensch was lernen muss.
Nicht allein das A-B-C bringt den
Menschen in die Höh'"
(Wilhelm Busch)

Einkaufsrausch

Was habe ich bloß wann und wo gekauft? Wenn ich das nicht alles aufgeschrieben hätte – Durchblick ade. Aber so habe ich es schwarz auf weiß. Glücklicherweise. Ich kann allerdings selbst kaum glauben, was ich alles zusammengetragen habe, wo ich überall war und was ich dafür in Kauf genommen habe.

Kennen Sie nicht auch die maßlose Gier nach Pflanzen, die Ihr Garten gar nicht mehr fassen kann? Sollte dem (noch!) nicht so sein, kann ich Sie beruhigen. Sie kommt garantiert. Oder sollte ich Sie besser warnen? Pflanzen haben eindeutig Suchtpotenzial. Wenn Sie jetzt an *Cannabis sativa* subsp. *indica*, auch „Rauschhanf" genannt, denken, haben Sie zwar absolut recht. Das meine ich aber nicht. Ich meine die Menge, die vielen Pflanzen, denen wir nicht widerstehen können. Die Spannung, die Freude und die Befriedigung, die damit verbunden ist. Ich kann mir das doch gar nicht leisten, so viele schöne Pflanzen ungekauft zu lassen. Sie stehen bei mir im Garten doch viel besser. Geliebt, in einem richtigen Zuhause. Bitte keinen Widerspruch!

Kein Weg ist zu weit, kein Koffer zu schwer
Ein hervorragendes Mittel gegen aufkommenden Frust, Niedergeschlagenheit, Traurigkeit oder auch Einsamkeit ist Einkaufen. In einer Gärtnerei. Vielleicht treffen Sie dort auch nette Leute, die Gleiches im Sinn haben. Zumindest sollten Sie sich etwas gönnen. Pflanzen sind meist bezahlbar und enthalten keine Kalorien. Und heben die Stimmung ungemein.

Allerdings erliege ich dem Kaufrausch wesentlich öfter, als ich es psychisch nötig hätte. Aus Lust, aus Begeisterung, aus Gier und Neugier. Dann ist mir kein Weg zu weit und kein Umstand zu groß.

Seit Jahrzehnten bin ich Mitglied der Royal Horticultural Society. Ich bin nicht größenwahnsinnig. So „royal" ist das nicht, halb England ist Mitglied in dieser britischen Gesellschaft zur Förderung der Gartenkultur. Das gehört dort einfach zum guten Ton und zieht sich durch alle Bevölkerungsschichten. Die dazugehörige Nursery in Wisley, dem Hauptsitz, ist ein Eldorado für Pflanzenliebhaber. In London finden Flower Shows der Royal Horticultural Society statt. Nicht nur im Frühling und im Herbst. Dummerweise auch dauernd zwischendurch. Und nicht nur einmal bin ich morgens mit dem ersten Flug und einer leeren Reisetasche hin. Allein wie die Pflanzen dort präsentiert werden! Was ist die Steigerung von Rausch? Was nicht nur zur Folge hatte, dass ich zurück mit einer prall gefüllten Tasche und völlig fertig in einer der letzten Maschinen saß. Nein, ich hatte mir noch den billigsten Koffer gekauft, den ich finden konnte.

Viel gemütlicher ist allerdings, wenn man ein paar Tage mehr zur Verfügung hat. Schließlich ist der Süden Englands gespickt mit sehenswerten Gärten und Veranstaltungen. Irgendwo ist immer etwas los.

Die Hampton Court Palace Flower Show findet jedes Jahr Anfang Juli statt. Knapp 30 Kilometer von London City entfernt, themseabwärts. Idyllisch gelegen, ein Traum für Sammler und Verrückte. Wie mich. Hin kommt man am schnellsten mit dem Zug. Zurück am entspanntesten mit dem Schiff. Und am langsamsten, themseaufwärts. Das war nicht nur zauberhaft, auch die einzige Möglichkeit für uns. Weil … Sie werden es kaum glauben, nein, kein Koffer diesmal.

Wir hatten einen Schubkarren gekauft. Zusammenklappbar. Er war bis zum Rand und darüber hinaus wohlgefüllt mit Pflanzen. Ein ideales Transportmittel. Wir waren nach London geflogen, nebenbei bemerkt. Wir also mit dem Schubkarren ins Hotel. Das Gesicht des Concierge werde ich so schnell nicht vergessen. Ein Bild für die Götter. „Oh, a wood is coming." Dann organisierte er den Transport „des Wäldchens" ins Zimmer. Auch das noch! Aber ich wollte meine Pflanzen selbst versorgen. So viel Verständnis gibt es wohl nur in England. Es war nicht das letzte Mal, dass wir dort übernachtet haben. In dem Schubkarren haben wir später noch oft unsere Enkelkinder herumkutschiert, zu deren größter Gaudi.

Jedes Jahr, wenn im Juni, Juli der Diptam, der Brennende Busch, seine reinweißen Blütentrauben öffnet, muss ich an diese Episode denken. Er kam im Schubkarren hierher. *Dictamnus albus* var. *albus* ist eine stattliche Staude, die am selben Platz sehr alt werden kann, durchaus 20 Jahre. Die gesamte Pflanze wird an windstillen Tagen, durch den hohen Gehalt an ätherischen Ölen, in eine zitronig-würzige Duftwolke gehüllt. Halten Sie ein brennendes Streichholz an Blüten und Fruchtstände, bildet sich kurz eine kleine Flamme und ein wunderbarer, etwas rauchiger Duft. Allerdings nur, wenn die Witterungsbedingungen stimmen. Daher der Name Brennender Busch. Entzückend als Solitär in ländlich oder mediterran gestalteten Rabatten. Die „normale" Art, ohne „var. *albus*", hat rosa gezeichnete Blüten, blüht also nicht weiß – sehr verwirrend.

Ein Paket aus Kalifornien

Kaufrausch muss sich nicht nur im „Selbstabholen" äußern. Oh nein, dem fantasievollen Menschen stehen viele Möglichkeiten offen. Man muss nicht überall hinfahren. Wozu gibt es den Versand? Per Post, per Schiff, per Luftfracht. Sie alle wollen auch leben. Nicht auszudenken, wenn wir nichts bestellen würden. Also tun wir etwas Gutes. Nicht nur uns. Wir kurbeln die Wirtschaft an.

Was zuweilen gar nicht so einfach ist. Und mit mehr Hürden verbunden sein kann, als ich mir hätte träumen lassen. Wilde Entschlossenheit, Durchhaltevermögen und vor allem „Nicht-kleinkriegen-Lassen" sind hier gefordert.

Ich hatte Kamelien beim Züchter Nuccio in Kalifornien bestellt. Seltene Sorten, nur dort zu bekommen. Ich wollte alles ganz korrekt machen, Einfuhrgenehmigung, Formulare für … ein unglaublicher Papierkrieg im Vorfeld. Um das mitzumachen, muss man schon etwas sehr unbedingt haben wollen. Und ich wollte. Als dann endlich die Benachrichtigung kam, war das Paket in einer anderen Stadt gelandet. Also, zurück das Ganze zum Frankfurter Flughafen. Der Zoll rief Freitagmittag an, um mir mitzuteilen, dass die Sendung frühestens am Dienstag geliefert würde. Pflanzen! Lebewesen! In einer solchen Situation kann ich zur Hochform auflaufen. Ich bin zum Flughafen gerast, zum Zoll gestürmt und habe dort sehr eindringlich mitgeteilt, dass ich ohne meine Kamelien nicht wieder ginge. „Auf keinen Fall, das geht nicht, wir schließen jetzt." Sie hatten mir das Paket sogar gezeigt, wollten wissen, was Kamelien sind – nur geben wollten sie sie mir nicht. „Kein Problem", habe ich gesagt. „Ich bleibe übers Wochenende hier und versorge meine Pflanzen. Oder würden Sie eine Sendung mit lebenden Schweinen unversorgt lassen?" Sie glauben gar nicht, wie schnell ich plötzlich mit meinen Pflanzen wieder im Auto saß.

Um meine Hysterie verstehen zu können: Kamelien werden aus den USA wurzelnackt verschickt. Das heißt ohne Erde. Die armen Dinger waren ohnehin schon viel zu lange unterwegs. Es hat eine Weile gedauert, bis ich sie hochgepäppelt hatte. Es waren neun. Immerhin haben sechs überlebt. Wahrscheinlich wäre es einfacher gewesen, nach Kalifornien zu fliegen. Nur teurer.

Sich Pflanzen aus Deutschland schicken zu lassen bedeutet längst nicht so eine Odyssee. Ich mache das oft und habe es noch nie bereut. Das Einkaufserlebnis allerdings, dieser Rausch, das Glücksgefühl, fehlt.

Deshalb werde ich Ende Februar nach Nettetal am Niederrhein fahren. Nicht weit von der holländischen Grenze entfernt. Morgens hin, abends zurück. Zu den Oirlicher Schneeglöckchentagen. Einem Mekka für Pflanzensammler, einem Treffpunkt für Enthusiasten wie mich. Ich freue mich schon darauf. Erstens ist dann der mir verhasste Februar zu Ende. Zweitens habe ich mir fest vorgenommen, das Manuskript zu diesem Buch fertig zu haben. Habe ich nicht eine Belohnung verdient?

Die liebe Not mit den Namen

Es lässt sich nicht vermeiden, dass ich in diesem Buch die korrekten botanischen Namen verwende. Auch wenn Ihnen das zunächst etwas fremd vorkommen mag, Sie werden sich als Garten- und Pflanzenfreund bald daran gewöhnen.

Nützlich für die internationale Shoppingtour

Die Vielfalt der Pflanzen ist enorm, und die Vielfalt ihrer Namen ebenfalls. Zunächst zu den VOLKSTÜMLICHEN NAMEN. Nehmen wir den Flieder. Die meisten von uns verstehen darunter den lila blühenden Zierstrauch aus alten Bauerngärten. In Norddeutschland wird als „Flieder" aber auch der Holunder bezeichnet. Die volkstümlichen Pflanzennamen sind also selbst im deutschsprachigen Raum tückisch und im Ausland überhaupt nicht zu gebrauchen.

Eindeutig dagegen und weltweit einheitlich ist der BOTANISCHE NAME. Der botanische Name einer Art besteht immer aus zwei Teilen: dem GATTUNGSNAMEN, der immer großgeschrieben wird, und dem ARTNAMEN, den man immer klein schreibt. Beide werden *kursiv* geschrieben.

Der botanische Name des Flieders lautet *Syringa vulgaris* und der des Holunders *Sambucus nigra*.

Wenn Sie im Ausland in eine Baumschule oder Gärtnerei gehen, kommen Sie um die botanischen Namen der Pflanzen nicht herum. Geißblatt versteht in England kein Mensch. Dort heißt es „Honeysuccle". Mit *Lonicera* dagegen, dem botanischen Namen, sind alle Unklarheiten beseitigt.

Neben den botanischen Namen gibt es noch eine weitere Art von Namen, die SORTEN. Von vielen Gartenpflanzen gibt es verschiedene Sorten, die unter geschützten Sortennamen angeboten werden. Von großen Pflanzengattungen gibt es unglaublich viele, wie etwa Rosen mit über 20 000 Sorten. 'Schneewittchen' ist nur ein Beispiel.

Im Gegensatz zu den botanischen Namen sind die Sortennamen nicht weltweit einheitlich. 'Schneewittchen' etwa ist im angelsächsischen Sprachraum unter dem Sortennamen 'Iceberg' bekannt. Der Sortenname wird korrekt in einfachen Anführungszeichen oben geschrieben.

Übrigens: Von ART spricht man bei Pflanzen, wenn die Abkömmlinge bei geschlechtlicher (generativer) Vermehrung, also durch Samen, den Elternpflanzen gleich sind. So lässt sich eine Wildrose, zum Beispiel *Rosa canina*, die Heckenrose, aus ihren Hagebutten vermehren; die daraus entstehenden Rosen sind der Elternrose gleich.

Bei SORTEN gibt es das nicht. Die Kinder können ganz andere Eigenschaften haben als die Eltern. Warum kommt mir das so bekannt vor? Die halbgefüllte Rose 'Schneewittchen' kann zwar auch Hagebutten hervorbringen; die daraus entstehenden Rosen können aber ganz anders aussehen als die Elternsorte. Und bei ganz gefüllt blühenden Sorten gibt es gar keine Samen; kann es nicht geben, weil nur noch Blütenblätter und keine Staubgefäße vorhanden sind. Sorten lassen sich nicht generativ vermehren. Sie können nur vegetativ vermehrt werden, zum Beispiel durch Teilen, als Ableger, Stecklinge oder durch Veredlung.

Noch eine kleine Ergänzung: Wenn klar ist, um welche Gattung es sich handelt, wird der Gattungsname abgekürzt und man schreibt nur noch den Anfangsbuchstaben, also statt *Hepatica nobilis* 'Rubra plena' nur noch *H.* 'Rubra plena'.

Manche Sorten sind durch Kreuzung zweier Arten entstanden, beispielsweise das Winterblühende Geißblatt, *Lonicera* × *purpusii* 'Winter Beauty'. Dann spricht man von einer Hybride (Kreuzung) und kennzeichnet das durch ein vor den Artnamen gestelltes Malzeichen („x"), das nicht kursiv geschrieben wird.

Bei manchen Arten gibt es Unterarten, Varietäten. Diese macht der Zusatz „var." (ebenfalls nicht kursiv geschrieben) kenntlich, zum Beispiel *Hepatica nobilis* var. *japonica* 'Suien'.

Sie müssen jetzt nicht meinen, ich will Sie ärgern. Ich habe diesen Namenswirrwarr nicht erfunden, den man noch wesentlich ausführlicher beschreiben könnte und müsste. Aber bevor Sie mich lynchen …

Etwas Latein … schützt vor Riesen im Blumentopf

Gewinnen Sie dem Ganzen etwas Positives ab. Ein bisschen Latein ist nicht nur hilfreich und aufschlussreich, es kann auch ausgesprochen amüsant sein. Der Artname *nana* deutet auf eine Zwergform hin, genau wie *minor*. Wenn Sie also ein größeres Gewächs suchen, das einen hässlichen Schuppen überwuchern soll, brauchen Sie ein Pflänzchen mit dem Zusatz *nana* gar nicht in die Hand zu nehmen. *Giganteus*, riesig, ist dann angesagt. Mögen Sie keine Streifen, machen Sie einen Bogen um *striatus*. Suchen Sie etwas mit breiten Blättern, ist *latifolius* richtig, nicht *angustifolius*, was schmalblättrig bedeutet. Möchten

Sie lange Freude an einer Pflanze haben, kommt *annus*, einjährig, nicht infrage. Soll der Balkonkasten neu bepflanzt werden, eignet sich kaum etwas mit dem Zusatz *arborescens*, baumartig werdend. Sie möchten gern an einem Strauch lange Freude an den Blüten haben? Wer auch nicht? Dann ist *caduciflorus* indiskutabel, es bedeutet: mit leicht abfallenden Blüten.

Viele Art- oder Sortennamen sagen auch etwas über die Herkunft aus. *Camellia japonica* kommt aus Ostasien (nicht unbedingt aus Japan), *sinensis* oder *chinensis* steht für China.

Schwierig vielleicht; doch keineswegs sind die Namen Schall und Rauch, sondern hilfreiche Stützen auf Ihrer Shoppingtour.

Mut zur eigenen Courage

"Es steigt der Mut mit der Gelegenheit."
(William Shakespeare)

Irgendwann kommt jeder an einen Punkt, an dem er genug eigene Erfahrungen gemacht hat. Positiv oder negativ – das spielt keine so große Rolle. Es ist dann völlig egal, was andere denken, meinen oder sagen; sie müssen es ja nicht nachmachen. Ich stehe zu meinen Entscheidungen und ziehe sie durch. Mit Überzeugung. Und lasse mich von niemandem beeinflussen. Es bringt nichts, alle möglichen Leute zu fragen. Das verunsichert Sie nur. Ein gesundes Selbstbewusstsein ist viel besser. Ich weiß, was mir im Garten blüht. Schließlich sind mir im Laufe der Jahre viele Zusammenhänge klarer geworden. Und mancher Groschen ist gefallen.

So und nicht anders

Sir Peter Smithers mit seinem traumhaften Garten oberhalb des Luganer Sees und seiner eigenen Philosophie habe ich schon erwähnt. Ich habe sehr viel von ihm gelernt und viel von seinen Kenntnissen übernommen. Zu

seiner Perfektion werde ich es allerdings nie bringen. Warum auch?

Alles würde sich in meinem Garten nicht umsetzen lassen. Außerdem habe ich eigene Fehler gemacht. Und habe mit meinen Methoden auch Erfolge verbuchen können. Die Summe aus fremden und eigenen Erkenntnissen macht's.

„Good gardening is never easy."

Der Ausspruch stammt von Graham Stuart Thomas, einem der ganz Großen unter den englischen Gartenfachleuten. Es stimmt. Einen pflegeleichten anspruchsvollen Garten gibt es nicht. Und doch sollte man sich nicht zum Sklaven des Gartens machen. Sondern überflüssige Arbeit reduzieren, ohne dass der Garten ärmer ist. Auf einjährige Pflanzen oder solche, die im Winter herausgenommen werden müssen wie Dahlien, verzichte ich. Die Arbeit sollte im gleichen Verhältnis abnehmen, wie unser Alter zunimmt. Auch wenn es schwerfällt, sich das einzugestehen. Die Freude soll doch überwiegen. Sehr früh und sehr spät blühende Gewächse und auch das „Sommerloch" füllende verlängern die Saison. Im Mai und Juni blüht ohnehin genug. Wenn Sie wie ich einen kleinen Garten haben: Warum etwas pflanzen, von dem es noch eine schönere, exquisitere Art oder Sorte gibt? Das Beste ist gerade gut genug.

Am wichtigsten finde ich ein harmonisches Gärtnern. Das ist meine feste Überzeugung. Davon lasse ich mich auch nicht abbringen. Es ist erstaunlich, wie die Natur sich selbst hilft. Hat sich mit der Zeit ein Gleichgewicht im Garten eingestellt, versorgen sich die Pflanzen selbst. Allerdings muss man erst etwas dazu tun.

Beziehungsweise nicht tun. Ich dünge nicht und spritze nicht. Mein Garten ist kein Versuchsgelände für

Chemikalien. Und ein Laubsauger hat bei mir nichts zu suchen. Kein Regenwurm fände mehr ein Blatt, das er in die Erde ziehen und sie damit lockern und düngen könnte. Man mulcht die nackte Erde. Das Laub hat man vorher säuberlich entfernt. Was soll das für einen Sinn haben? Zusätzliche Arbeit, zusätzliche Kosten, ein klinisch reiner Garten – und ich bin schlechter dran als vorher.

Gute Pflanzennachbarn tun auch dem Boden gut

Wie schön, dass mein Garten so klein ist und meine Leidenschaft so groß. Für Pflanzen. Zwangsläufig ist bei mir alles dicht bepflanzt. Keine nackte Erde, kein Unkraut, weniger Arbeit. Immer noch Platz für Neuzugänge.

Ich pflanze bewusst unterschiedliche Gattungen zusammen. Allerdings mit den gleichen Ansprüchen an den Boden. Auf kleinstem Raum wachsen bei mir beispielsweise eine einmal blühende Alte Rose, eine *Clematis*, *Phlox*, Astern, eine *Hosta*, kleine Bodendecker wie die Schaumblüte, Schneeglöckchen und Narzissen. Damit vermeide ich die Krankheiten, die mit einer Monokultur verbunden sind. Diese unterschiedlichen Pflanzen sorgen für ein Gleichgewicht im Boden. Sie entnehmen ihm unterschiedliche Nährstoffe und fügen unterschiedliche hinzu. So entfällt die gefürchtete Bodenmüdigkeit durch Mineralienmangel. Werden dagegen in einem Beet nur Rosen gepflanzt, stellen sich mit der Zeit schädliche Mikroorganismen ein. Ohne Düngen und Spritzen wird es dann kaum gehen. Und schon befinden Sie sich in einer Spirale, die nur abwärts gehen kann. Je mehr Dünger, desto mehr junges, saftiges Laub, ein Festessen für Blattläuse & Co. Also spritzen. Das wiederum findet die Rose nicht lustig. Also wieder düngen. Und so weiter und so fort. Bis die Rose endgültig aufgibt. Oder Sie. Viel besser ist, dafür zu sorgen, dass der Garten ein Selbstläufer wird.

*"A penny for the plant,
and a pound for the hole."*

So lautet eine ausgesprochen weise Regel aus England. Was nützt es der schönsten Pflanze, wenn sie zwar einen ihr gebührenden Platz bekommt, aber lieblos verbuddelt wird? Sie wird kaum so schön bleiben. Das geeignete Pflanzloch spielt eine größere Rolle, als Sie vielleicht glauben. Auch ein Hochhaus braucht zuerst ein ordentliches Fundament. Und es dauert erstaunlich lange, bis die Bauarbeiter endlich ans Licht kommen. Ich weiß, wenn ich mit Pflanzen zu Hause eintreffe, habe ich weiß Gott nicht immer, das heißt meist keine Lust, viel Zeit in Löcher zu investieren. Wenn man dann niemanden hat, der die ungeliebte Arbeit erledigt, ist es besser, die Aktion auf den nächsten Tag zu verschieben. Für die Pflanze und für uns. Ich habe großes Glück: Mein Mann liebt Erdverbesserungsarbeiten!

Putzig, aber frech: Eichhörnchen

Ich liebe meinen Garten. Nicht immer, doch meistens. Und ich liebe auch nicht immer, was sich darin so tummelt. Bei Eichhörnchen bin ich hin- und hergerissen. Auf der einen Seite sehen sie sehr putzig aus, wenn sie flink unsere Birke herunterklettern, kopfüber auch noch. Oder wie erstarrt Männchen machen und völlig unschuldig gucken, sobald sie mich erblicken. Aber – weniger witzig finde ich, dass sie mir überall Nussbäume pflanzen. Wäre ich nicht so wachsam, hätte ich keinen Garten, sondern einen Nussbaumwald. Und immer an den Stellen, wo ich gerade Blumenzwiebeln gesteckt habe. In herrlich lockere Erde. Wenn sie anschließend emsig die Erde festklopfen, ist das ja wieder niedlich. Ich sehe auch ein, dass sie sich einen Wintervorrat anlegen müssen. Aber könnten sie sich nicht die knochenharten, lehmigen Stellen in meinem Garten aussuchen?

Gleichzeitig Erdlockerung betreiben? Nein, natürlich nicht. Und dumm sind sie obendrein. Ihre vergrabenen Nüsse finden sie nie wieder. Also, was soll das Ganze?

Leben und leben lassen, ist eigentlich mein Prinzip. Das sollten sich Eichhörnchen auch hinter ihre hübschen Ohren schreiben. So lange sie nicht ihre Pfoten von Vogeleiern und Jungvögeln lassen und Nester plündern, haben sie bei mir schlechte Karten. Ich habe gelesen, sie fressen auch Pilze, die für Menschen giftig sind. Bitte sehr, dagegen habe ich nichts.

Geteilte Freude ...

... ist bekanntlich doppelte Freude. Die eigene Freude am Garten ist etwas Wunderbares. Wir haben uns ein eigenes Paradies geschaffen, nach unseren Vorstellungen. Mit großem Erfolg. Wir sind jedenfalls davon überzeugt. Und stolz sind wir auch ein bisschen. Das dürfen wir auch sein.

Was liegt da näher, als Gäste einzuladen? Unser erstes Rosenfest haben wir am 25. Mai 1990 gegeben. Mit 30 Gästen. Erst bangten wir: Blühen zu diesem Zeitpunkt genügend Rosen? Nachdem Heinrich Schultheis mich gefragt hatte: „Was sollen denn Ende Mai für Rosen blühen?", war ich erst recht verunsichert. Und fragte mich das selbst zusehends. Kurz vorher ergaben sich zwei andere Fragen. Blühen noch genügend schöne Sorten? Und spielt das Wetter mit? Diese Wetterzitterpartie begleitet mich bis heute. Platz für ein Zelt habe ich nicht. Dafür eine Sammlung vergessener Regenschirme. Aber nicht von diesem ersten Rosenfest. Die Rosen gaben ihr Bestes, das Wetter zeigte sich von seiner gnädigsten Seite, die Gäste schienen sich wohlzufühlen. Es blühten (Ende Mai!) 42 unterschiedliche Sorten Rosen. Ich erspare Ihnen eine Auflistung. Wenn es Sie aber interessiert ...

Im Laufe der Zeit ergab es sich, dass immer mehr Besucher kamen, die sich für den Garten interessierten. Einzeln. Zum Tee. Stundenlang. Das nahm solche Formen an, dass ich die Notbremse ziehen musste. Das war der Beginn meiner Gartenführungen vor etwa 20 Jahren. Zu drei festgelegten Terminen übers Jahr verteilt.

Wenn man sich entschließt, seine Gartentore zu öffnen und die Außenwelt einzulassen, weiß man nie, wie der Garten sich gerade benimmt. Besonders, wenn man, wie ich, die Termine schon im Vorjahr bekanntgegeben hat. Ganz unvermeidlich ist alles entweder zu weit zurück oder zu fortgeschritten: „Wenn Sie ihn nur vor zwei Wochen hätten sehen können", oder: „Wenn Sie nächste Woche kommen, dann blühen ...".

In fast allen englischen Privatgärten bin ich begrüßt worden: „Sorry, the garden is not at its best." Das erzähle ich zwar oft, sage es selbst aber nie. Natürlich möchte ich meinen Garten optimal präsentieren. Das ist er jedoch nie, jedenfalls nicht in meinen Augen. Kein Jahr war bisher wie ein anderes. Keine Führung vergleichbar. Ich habe oft Glück, hatte auch schon Pech. Es ist einfach unkalkulierbar. Das Wetter, die Pflanzen, aber auch die Menschen. Sie brauchen bloß einen dazwischen zu haben, dessen Garten viel größer ist, die Blüten sind es auch, sein Wässerchen sowieso ... Anfangs fiel es mir nicht leicht, die ohnehin zu Beginn angespannte Atmosphäre in den Griff zu bekommen.

Inzwischen habe ich mehr Übung und größere Erfahrung. Kleine Gruppen, ein botanischer Rundgang, zeitliche Begrenzung, eine kleine Bewirtung und ein selbst gezogenes Pflänzchen zum Schluss als Geschenk. Mit Anmeldung und einem kleinen Unkostenbeitrag. Das war leider erforderlich. Ich möchte den Garten für Interessierte öffnen, die Anregungen suchen. Nicht für welche, die nur wegen der Snacks kommen.

Nett, lustig und kompetent: Landfrauen
Wenn ich die vielen Gartenführungen Revue passieren lasse – ich habe kaum eine bereut. Ich hatte bisher keine Verluste von Pflanzen. Es ist noch nie etwas mutwillig zerstört worden. Viele Besucher kommen immer wieder, zu jeder Jahreszeit. Es haben sich schon Freundschaften gebildet: Besucher untereinander, Besucher mit mir. Ein Garten verbindet. Letztendlich profitiere ich und somit der Garten von diesen Führungen. Ich bemühe mich wirklich, ihn vorher in Hochform zu bringen. Und jedes Mal fällt mir während einer Führung etwas auf, das ich, sobald der letzte Gast außer Sichtweite ist, ändere. Oder in Kürze in Angriff nehme. Warum ist mir das nicht vorher aufgefallen? Ein typischer Fall von Betriebsblindheit. Es ist sehr heilsam, den Garten von Zeit zu Zeit mit den Augen anderer zu sehen.

Ab und zu habe ich auch „geschlossene Gesellschaften", Gruppen außer der Reihe. Einmal hatten sich Landfrauen aus dem Odenwald angesagt. Im Hochsommer, einer Zeit, in der ich eigentlich nicht meine Gartentür öffne. Aber ich bin kooperativ. Es goss in Strömen, schon Stunden vorher. Das, was blühte, hing tropfnass herunter. „Macht nichts", dachte ich, „es kommt sowieso keiner." Ich kannte Landfrauen noch nicht. Sie kamen alle. Mit Schirm und Gummistiefeln. Zünftig, unverdrossen und bester Laune: eine der nettesten, lustigsten und kompetentesten Gruppen, die ich jemals hatte.

Den Garten zu öffnen, Fremden stolz das eigene Paradies zu zeigen, kann bereichernd sein. Gleichzeitig gewährt man aber auch den Einblick in seine Privatsphäre. Bei diesen Gelegenheiten gibt man viel von sich preis. Unwillkürlich. Deshalb sollte man sich vorher gut überlegen, ob man das will.

Um Ihre Pflanzen brauchen Sie sich am wenigsten Gedanken zu machen, wenn Sie vorher keine Versprechungen gemacht haben, die Sie vielleicht nicht halten können. Die Pflanzen lassen die Gartenbesitzer nicht im Stich. Sie brauchen die Vorbereitungen zu einem Fest nur zu wittern – schon plustern sie sich auf und stehen stramm. Es gefällt ihnen, der Mittelpunkt zu sein. Sie wollen bewundert werden. Und geben so ihr Bestes. Irgendwie menschlich ...

Für den Fall, dass auch Sie sich irgendwann einmal dazu entschließen, Ihr Gartentor für Fremde zu öffnen, wünsche ich Ihnen von ganzem Herzen, dass Sie nicht sagen müssen: „Einmal und nicht wieder." Das wäre schade. Sie würden sich eine Bereicherung und ein großartiges Erlebnis entgehen lassen.

Erst geben ...

... das Nehmen kommt dann ganz von selbst.

Vielleicht wird auch bei Ihnen der Punkt kommen, an dem Sie anderen helfen können. Wenn Sie die anderen von Ihrem mühsam angeeigneten Wissen und Ihren Erfahrungen mit dem Garten profitieren lassen und Sie dafür den Mut, die Kraft, die Zeit und die Geduld haben, bedeutet das: Sie geben.

Wie viel ich selbst bei der Duftausstellung im Frankfurter Palmengarten gelernt habe, das habe ich schon geschrieben. Die Mitarbeit an Ausstellungen, der ehrenamtliche Einsatz in botanischen Gärten, Patenschaften für Gartengräber – es gibt so viele Möglichkeiten, sich anzubieten. Ja, anzubieten. Das heißt zuerst einmal Klinken putzen. Wer ist man denn? Ein Niemand, den niemand kennt. Und dem niemand traut. Vertrauen und Respekt müssen erst verdient werden. Das kann dauern, länger als einem lieb ist. Auch ein Nein muss man verkraften können. Am Anfang.

Am Anfang bin ich einmal gefragt worden, ob ich an einer Ausstellung über Miniaturgärten mitarbeiten würde. Ohne lange zu überlegen sagte ich zu. Kein Problem, ich habe ja selbst einen Minigarten. Als ich dann Näheres erfuhr, war ich ziemlich geschockt: Es ging um Gärten im Schubladenformat, höchsten 60 mal 40 Zentimeter. Und das passierte mir, wo mir solche Fummelarbeit überhaupt nicht liegt. Absagen kam für mich nicht infrage, also musste ich durch.

Ich habe einen mediterranen Duftgarten und, wie könnte es anders sein, einen weißen Garten gestaltet. Meinen Garten en miniature. Faszinierend, das Spiel mit den Proportionen. Mein winziges Lieblingsröschen 'Popcorn' wirkte an einem eigens hergestellten Minirosenbogen wie eine Ramblerrose. Erschwerend kam hinzu, dass es nur gewachsene Pflanzen mit Erde sein durften. Es war eine Herausforderung, die mir mehr und mehr Spaß machte.

Was ich damit sagen möchte: Es gehört die Bereitschaft dazu, Dinge zu tun, die man sich nicht unbedingt ausgesucht hätte. Und Durchhaltevermögen. Ehrenamtlich bedeutet: ohne Geld. Und auf die Ehre können Sie sich auch nicht unbedingt verlassen. Im Gegenteil: Man wird oft als ausgesprochen dumm hingestellt. Ich arbeite seit über 20 Jahren ehrenamtlich im Palmengarten und suche schon länger eine Nachfolgerin. Erst kommt die Frage: „Was kriege ich dafür?", dann die Reaktion: „Ich bin doch nicht verrückt." Nun, dann muss ich sehr verrückt sein. Oder doch nicht? Ohne die innere Einstellung, etwas für die Allgemeinheit, etwas Gutes oder Sinnvolles tun zu wollen – auch wenn es einmal ganz und gar nicht passt, geht es nicht. Dann sollte man es besser lassen. Nicht alles im Leben muss in barer Münze aufgewogen werden. Es geht um eine innere Bereicherung. Und auf die gibt es viele Zinsen.

Das hr-Fernsehen fragte einmal bei mir an, sie wollten eine Sendung zur Eröffnung der Kamelienausstellung im Palmengarten machen. Mit mir, auch in meinem Garten, kurzfristig, morgen. Mir passte das zeitlich gar nicht. Und meine Kamelien im Garten blühen am 15. Januar auch noch nicht. Also nein. Nein. Nein.

Das Fernsehen kam. Sie hatten sonst niemanden gefunden, außerdem würde ich ja sowieso die Führungen während der Kamelienausstellung machen. Obwohl mir das nach wie vor alles überhaupt nicht passte. Und doch: Ist es nicht auch schön, gefragt zu werden? Gebraucht zu werden? Sich so ein bisschen „gebauchpinselt" zu fühlen? Ist das nicht Lohn genug? Das meinte ich mit: … das Nehmen kommt dann ganz von selbst. Und davon einmal abgesehen:

*„Man lernt am schnellsten und besten,
indem man andere lehrt."*
(Rosa Luxemburg)

Etwas klüger werden

Lohnt sich mein Aufwand? Mit Sicherheit werden Sie sich das irgendwann einmal fragen. Wahrscheinlich nicht nur einmal. An einem Tag, an dem Sie besonders müde sind, an dem Ihnen alles wehtut, an dem Sie frustriert sind, sich geärgert haben, die ganze Welt sich gegen Sie verschworen zu haben scheint – kurz, an einem Tag, der nicht der Ihre ist.

All die Energie, der Einsatz, die viele Zeit und Arbeit, das Herzblut und, nicht zu vergessen, das Geld – das alles habe ich in den Garten gesteckt. Für was? Wozu? Hätte ich nicht lieber ...? Ich kenne solche Zweifel nur zu gut. Bei mir treten sie vorzugsweise im Hochsommer auf. Wenn es heiß ist. Und nicht nur der Garten erschöpft ist. Schlimmer noch, wir sehen auch so aus. Zum Glück für mich und den Garten dauert dieser Zustand nicht allzu lange. Unwillkürlich folgt ein In-sich-Gehen mit dem Ergebnis: Das kann es nicht sein.

Freude und Befriedigung, wo sind die geblieben? Wie konnten die Zweifel in so kurzer Zeit Oberhand gewinnen? Hier läuft etwas gründlich falsch. Etwas, das geändert werden muss. Und zwar schnell. Schon allein die Erkenntnis, dass es so nicht weitergehen kann und darf, ist Gold wert. Viel Arbeit und ein geringes, vielleicht kümmerliches Ergebnis, das war nun nicht das, was ich mir vorgestellt hatte. Wenn das so ist, ist es auf keinen Fall so, wie es sein sollte.

Arbeit und Gewinn müssen in einem ausgeglichenen Verhältnis zueinander stehen. Das ist ja nicht nur im Garten so. Der Gewinn betrifft hier nicht das Finanzielle. Es geht darum, was gibt mir der Garten zurück, wie bereichert er mein Leben? Diese berühmte Wechselwirkung. Wenn die stimmt, bin ich auch bereit, Arbeit zu investieren. Das wird nicht immer und kann nicht immer ein Schlagabtausch sein. Eine Stunde Arbeit, eine Stunde Glück – so funktioniert das nicht. Aber auf lange Sicht muss es sich die Waage halten. Nein, die Freude muss überwiegen. Blumenzwiebelnstecken im Herbst, einen langen Tag in gebückter Haltung. Wo bleibt die Freude am nächsten Tag? Vielleicht, dass ich fertig geworden bin, dass die Kerlchen in der Erde sind. Ein bisschen wenig, nicht wahr? Nein, die vielfache Freude kommt später. Im Frühling. Und sie dauert wesentlich länger als einen Tag.

Gegen die Zweifel angehen

Damit Sie nicht vor lauter Arbeit erst frustriert sind und dann zusammenbrechen, überlegen Sie gut, welche Pflanzen Sie sich in den Garten holen. Pflanzen, an denen Sie lange Freude haben, sollten auf Ihrer Wunschliste stehen. Ich liebe alles Langlebige. Ich kaufe meine Pflanzen meistens, wenn sie noch im „Vorschulalter" sind, wenn ich miterlebe, wie sie wachsen und groß werden. Es lohnt sich auf jeden Fall, die Entwicklung über Jahre zu beobachten.

Was sich weniger lohnt, was mir zu viel Arbeit macht und im Verhältnis dazu nicht genug bringt, das sind die Ein- und Zweijährigen. Pflanzen natürlich. Das ständige Austauschen ist eh nicht mein Ding. Nachhaltigkeit ist mir lieber. Auch auf Pflanzen mit zu kurzer Saison verzichte ich. Lohnt sich eine Forsythie mit drei Wochen Blütezeit? Und sonst nichts? Kein schönes Laub, keine Herbstfärbung, keine Früchte, kein harmonischer Wuchs. Dafür sind mir meine paar Quadratmeter zu schade. Pflanzen mit Ganzjahresaspekt, wie *Choisya ternata*, die Mexikanische Orangenblume, sind um ein Vielfaches attraktiver und viel lohnender.

Christrosen oder auch *Chionodoxa*, der Schneeglanz, setzen leicht Samen an. Nun erhebt sich die Frage, ob man das an allen Ecken im Garten haben möchte. Zumal sie nie artgerecht erscheinen. Christrosen werden selten so schön wie die Eltern. Und die Nachfahren von meinem weißen Schneeglanz dachten nicht im Entferntesten daran, auch weiß zu werden. Sie hatten nicht einmal ein schönes Dunkelblau. Das hätte ich noch hier und da toleriert. Nein, ein verwaschener Ton, als könnten sie sich nicht zu einer Farbe bekennen. Um sich da Enttäuschung und die Mühe des Herausreißens zu ersparen, sollte man besser solche Pflanzen keinen Samen ansetzen lassen. Es sei denn, man möchte das. Das einjährige Vergissmeinnicht habe ich bestimmt seit 20 Jahren nicht mehr gepflanzt. Trotzdem ist es immer da. Es sorgt selbst dafür, dass ich es nicht vergesse. Die weiße Sorte 'Alba' ist übrigens auch für alle farblichen Überraschungen gut.

Manche Pflanzen haben einfach keinen inneren Halt. Sie gehen wie selbstverständlich davon aus, dass wir sie unterstützen. Sie sind auf unsere Hilfe angewiesen, bevor sie irgendwann das Gleichgewicht verlieren. Nehmen wir die Pfingstrosen mit ihren dicken, schweren Blüten oder den Rittersporn mit seinen langen, stolzen Blütenständen. Eigentlich sollte man sich überlegen, wenn man so hoch

Corydalis ochroleuca

hinauswill oder so kugelrund ist, ob man auch die Kraft dazu hat. Offensichtlich tun das aber manche Pflanzen nicht. Möchte man trotzdem nicht auf sie verzichten, sollte man sie stützen. Bevor sie es nötig haben. Bevor sie ein Bild des Jammers abgeben. Vor allen Dingen – bevor Sie verzweifeln und sich wieder einmal fragen: „Lohnt sich das überhaupt?"

Man kann natürlich alle Fehler selbst machen. Vielleicht hat das ja auch seinen Reiz. Man kann allerdings auch von den Fehlern anderer lernen. Und man kann von den Erfahrungen anderer profitieren.

Die Dankbaren

Im Laufe der Jahre habe ich eine ganze Reihe von Pflanzen kennengelernt, denen ich den Stempel „dankbar" aufdrücken würde. Pflanzen, die das ganze Jahr über etwas zu bieten haben, die keinen Winterschutz brauchen, die nichts erschüttern kann, die unverdrossen immer da sind oder wiederkommen. Pflanzen, die unseren Einsatz um ein Vielfaches belohnen. Besonders diejenigen unter uns, die noch am Anfang ihres Gärtnerlebens stehen, wollen und müssen erst einmal ein Erfolgserlebnis haben. Und sich nicht mit Gewächsen von zweifelhafter Gesundheit herumplagen müssen.

Zu den Dankbaren gehören: *Abelia grandiflora*, Blumenzwiebeln, *Cyclamen*, Farne, Hortensien, *Hosta*, *Sarcococca* und Strauchpäonien. Nicht zu vergessen *Corydalis ochroleuca*. Dieser Lerchensporn ist in meinen Augen ein Phänomen. Er blüht von Mai bis November in dichten Ähren aus cremeweißen, gelb gefleckten röhrenförmigen Blütchen. Das Attraktivste ist sein filigranes, hellgrünes, zartes, farnähnliches Laub. Immergrün. Selbst Frost kann dieser Zartheit nichts anhaben. Was mich jedes Jahr aufs Neue verblüfft. Einmal Lerchensporn, immer Lerchensporn – so fleißig samt er sich aus. Lassen Sie ihn einfach gewähren. Er weiß von allein, wo er sich wohlfühlt und am besten hinpasst. Und wo er Ihnen nicht gefällt, nichts lässt sich leichter entfernen. Ein idealer „Lückenfüller" bei spät austreibenden Stauden oder früh verblühten Zwiebelblumen wie Narzissen. So braucht Sie deren gelb und hässlich werdendes Laub, das Sie auf keinen Fall abschneiden sollten, nicht länger zu stören. Die Zwiebel benötigt die Kraft aus den Blättern, um auch im nächsten Jahr schön zu blühen.

Unglaublich, wie kreativ der Lerchensporn ist. Er hat sich bei mir im Garten an Stellen angesiedelt, auf die ich nicht gekommen wäre. Mauerritzen und Spalten sind seine bevorzugten Plätze. Keine Angst, aggressiv ist er nicht. Übrigens: *Corydalis flexuosa* ist eine Art in einem wunderschönen, leuchtenden Ultramarinblau.

Als ich unseren Garten angelegt habe, sah er zuerst etwas dürftig aus. Gelinde gesagt. Menschen klarzumachen, dass ein Garten Zeit braucht, ist nicht immer leicht. Beziehungsweise: nie.

Gut Ding will Weile haben. Sagt man nicht so? Das trifft auf so viele Dinge im täglichen Leben zu. Wie sehr erst auf den Garten! Auch er, gerade er, muss erst reifen. Gehegt und gepflegt, ist ein Garten erst nach acht Jahren in Hochform. Das hatte ich einmal irgendwo gelesen. „Kann ja wohl nicht wahr sein", dachte ich damals. Egal, wer das geschrieben hat, es muss ein Weiser gewesen sein. Einer, der Erfahrung hat, den Durchblick und die Geduld zu warten. Alles Eigenschaften, von denen ich Lichtjahre entfernt war.

Aber wir haben ja Rhododendren. Ausgewachsen und in Mengen gepflanzt können sie selbst einem neu angelegten Garten den Eindruck von Reife geben. Ich wüsste nicht, womit das sonst so gut und glaubhaft ginge. Natürlich ist das eine Kostenfrage. Ein Rhododendron lässt sich mit berechtigter Hoffnung auf Erfolg verpflanzen. Selbst bei einer Größe, bei der man bei anderen Sträuchern die Luft anhalten oder besser davon abraten würde.

Rhododendren gehören eindeutig in die Rubrik „lohnend". Denn Pflege brauchen sie kaum. Das Verhältnis Arbeit zu Freude stimmt hier aufs Trefflichste. Wenn Sie einmal den richtigen Platz für ihn gefunden haben, einen Platz, an dem er sich wohlfühlt, ist kaum mehr etwas zu tun. Gießen ja, vielleicht ab und zu düngen. Selbst das Entfernen verwelkter Blütenstände ist nicht zwingend nötig. In einem kleinen Garten ist diese Arbeit zumutbar. Es sieht ordentlicher aus und fördert das Wachstum. In einem großen Garten wäre es ein Albtraum – ein völlig unnötiger.

Mein Loblied auf diesen Lebenskünstler ist noch nicht zu Ende. Sie werden sich wundern, es fängt erst an. Blüten in allen Farben, vom Vorfrühling bis in den Herbst hinein. Wer da nichts Passendes findet, wird auch mit der umfangreichsten Speisekarte äußerste Schwierigkeiten haben.

'FEBRUARY DAWN' kann ihre zartlilarosa Blüten bei günstiger Witterung schon Ende Februar zeigen.

'PRAECOX' ist auch so ein Frühchen in hellem Lilarosa.

Selbst der Hochsommer, bekannt (zu Unrecht) als „Blühloch", muss nicht „rhododendrenfrei" sein. Schauen Sie sich einmal die Juli-Schönheiten an:

'SOMMERDUFT' mit weißen, zärtlich rosa überhauchten Blüten, die auch noch wunderbar süß duften. Im Winter laubabwerfend; alles kann man nun einmal nicht haben.

'IMBRICATUM' mit hellvioletten Blüten schmückt sich zusätzlich mit interessantem Laub.

Erstaunlich ist, dass es auch Herbstblüher unter den Rhododendren gibt. Die Auswahl ist längst nicht so üppig wie bei den im Frühling blühenden, aber immerhin.

'Herbstgruss'. Nomen est omen. Mit einer Blütezeit von der ersten Septemberwoche bis weit in den Oktober hinein fast unwirklich. Klugerweise hebt sich diese Sorte mit ihren weißen Blüten mit einem dicken, weinroten Fleck immer einen Teil der Knospen auf, die sich erst im Frühling öffnen. Nicht alles auf eine Karte setzen, scheint das Motto zu sein.

'September-Flair' mit seinen sattgelben Blüten legt ein ähnliches Verhalten an den Tag. Seine Knospen erhalten im September den Befehl: aufblühen. Offensichtlich denken sie, es sei Frühling.

Da dies kein Rhododendronbuch werden soll, werde ich so langsam aufhören mit meiner Schwärmerei. Aber noch nicht ganz. Die Vielfalt begrenzt sich nicht auf Farben und Blühzeiten. Es gibt Zwerge und Riesen unter ihnen. Und alles dazwischen.

Zu den Winzlingen gehören diese beiden:

'Wren' mit reingelben Blütchen. Er wird höchstens 20 Zentimeter hoch, nach zehn Jahren. Der Name könnte nicht besser gewählt sein. „Wren" heißt übersetzt „Zaunkönig".

'Alpine Gem' wird auch nicht höher. Ein Edelstein in einem zarten Rosaviolett, ideal für Steingärten.

Wesentlich höher hinaus wollen und können:

'Eskimo' mit einem Farbenspiel von Zartlila, Weiß und Grüngold. Er wird etwa 1,60 Meter hoch und genauso breit. 2½ Quadratmeter Platz sollten Sie ihm schon einräumen.

'Macarena' in Gelborange, nicht unbedingt meine Farbe, aber ein Hingucker im Garten. Auch ein Riese unter den Rhododendren.

Nun ist aber wirklich Schluss. Wozu gibt es Kataloge? Es wäre doch schade, wenn Sie nichts mehr zum Stöbern hätten. Was ich mit dieser Aufzählung zeigen möchte, ist Folgendes: Es gibt genügend Pflanzen, die sich lohnen. Bei denen der Aufwand minimal ist. Und die Freude maximal. Wenn Sie allerdings in Ihr kleines Hochbeet 'Eskimo' setzen anstatt beispielsweise 'Wren', werden Sie leider unnötige Arbeit haben. Ein Umsetzen wird sich nicht vermeiden lassen. Aber das werden Sie ja nicht machen.

Eine Freude für sich: Stecklinge großziehen

Auf die Schnelle lohnt sich der ganze Aufwand nicht. Wenn ich das Ergebnis betrachte. Auf längere Sicht aber ja, und wie! Aber selbst die Anfangszeit, die Zeit des Arbeitens, die Zeit des Wartens, die Zeit der Geduld, des Beobachtens, des Pflegens, der Spannung, die ganze Erwartungshaltung – all das kann äußerst gewinnbringend sein. Für uns selbst, für unser Ich, für unsere Seele.

Da ich kein Berufsgärtner bin, ist es unterhaltend, preiswert und sehr lohnend, eine begehrte Sorte aus einem Steckling zu ziehen. Ich rede von Rosen.

Nehmen Sie Stecklinge von gut ausgereiften Trieben, die schon geblüht haben. Das ist meistens ab September der Fall. In kleine Töpfe mit Anzuchterde (ungedüngte Erde) gesteckt, gut feucht gehalten und vor Sonne und Frost geschützt, sollten sie sich innerhalb eines Jahres bewurzelt haben. Am besten und sichersten geht das in einem Minigewächshaus. Denn austrocknen dürfen die kleinen Stecklinge auf keinen Fall.

So werden Sie in ein paar Jahren eine kräftige, kleine Gesellschaft haben, die fröhlich aus ihren eigenen Wurzeln wächst. Etwas, was Sie kaum kaufen können, denn Rosen, die man bei einer Rosenschule oder in einem Gartencenter kauft, sind in aller Regel auf eine starkwüchsige Unterlage veredelt. Wenn sich bei aus Stecklingen gezogenen Rosen, also bei „Rosen auf eigener Wurzel", ein neuer Trieb zeigt, wissen Sie mit Bestimmtheit, dass er nicht aus der Unterlage kommt. Weil die Rose keine Unterlage hat. Die, wenn Sie nicht aufpassen, der Sieger über das Wunschobjekt sein würde. Da sie die Stärkere ist. All das bleibt Ihnen erspart. Alles, was aus Ihrem kleinen Röschen kommt, ist dieses kleine Röschen. Freude pur. Ohne Wenn und Aber.

Solch ein Erfolg ist ein beglückendes Gefühl. Etwas gewagt und dann geschafft zu haben, darauf kann man zu Recht stolz sein. Ob sich der Aufwand, der so groß gar nicht ist, gelohnt hat – die Frage werden Sie sich nicht mehr stellen.

Glücklich und zufrieden

Ist das anmaßend? Gleich beides? Reicht nicht eins? Wäre das nicht schon wunderbar? Geht überhaupt das eine ohne das andere? Wo ist denn der Unterschied?

Ich bin kein Psychologe und schon gar kein Philosoph. Ich habe mir so meine eigenen Gedanken gemacht. Und mich ein bisschen erforscht. Wenn an einem Wintermorgen mein geliebtes Rotkehlchen in dem mit Raureif überzogenen Garten in aller Ruhe herumhüpft, bin ich glücklich. „Zufrieden" wäre nicht der richtige Ausdruck. Ein momentanes Glücklichsein, eher eine Momentaufnahme. Ich bin im Augenblick glücklich. Und je mehr ich einen Augenblick genießen kann, desto glücklicher kann ich sein. Vielleicht bin ich nach der Erfüllung eines lang ersehnten Wunsches in Hochstimmung. Auch dann bin ich glücklich – kurzfristig. GLÜCK möchte ich dem Bereich der Gefühle zuordnen. Als etwas Subjektives, als Herzensangelegenheit.

Können viele Glücksmomente zufrieden machen?

Viele Rotkehlchen? Oder jeden Tag diese Idylle in schönster Regelmäßigkeit? Wohl kaum. Ich glaube vielmehr, der Zufriedenheit fehlt das Spontane. Es kommt auf die innere Einstellung an. Eine innere Zufriedenheit über einen längeren Zeitraum. Idealerweise auf Dauer. Mit sich und der Welt im Reinen sein. Dazu gehört allerdings (dummerweise) auch, keinen Wünschen hinterherzujagen. Wünschen, die sowieso außer Reichweite sind. Zu wissen, was man nicht braucht. Hier spielt weniger das Gefühl eine Rolle. ZUFRIEDENHEIT hat mit Einsicht zu tun. Und mit Verstand. Keineswegs mit Resignation, das meine ich nicht.

Oh nein, abgeklärt bin ich nicht. Davon bin ich weit entfernt. Das Streben nach Glück ist wahrscheinlich so alt wie die Menschheit. Warum auch nicht? Das Wichtigste jedoch ist, wenn man sich selbst für einen glücklichen Menschen hält. Eine zufriedene Grundeinstellung besitzt. Eine positive Ausstrahlung hat.

Wenn das nur immer so leicht wäre! Immer werden Sie und ich nicht glücklich und zufrieden sein. Aber wenn, wo ginge das besser als im Garten? Diese Erkenntnis ist absolut nicht neu. Wie der letzte Satz eines viel zitierten chinesischen Sprichworts sagt:

„Willst du ein Leben glücklich sein,
so schaffe dir einen Garten."

Mit der Zeit werden Sie feststellen, dass Sie die Arbeit im Garten, das Leben mit den Pflanzen ausgeglichener macht. Wenn Sie ehrlich zu sich sind. Und das sollten Sie auf jeden Fall sein. Wer ist es sonst? So schonungslos. Solch ein sinnvolles, friedliches Tun ist die Voraussetzung für Zufriedenheit und Glück. Oder wie der Abt des Klosters Reichenau in „Der Hortulus" um das Jahr 840 schrieb:

"Viele ungute Gedanken werden durch die Beschäftigung mit dem Säen, dem Wachsen und dem Ernten schnell vertrieben."

Keineswegs also neue Erkenntnisse. Wachstum und Entwicklung zu beobachten und mitzuerleben, ist ein herrliches Gefühl. Glauben Sie mir: aufbauend, glücklich machend, zufriedenstellend. Größenwahnsinnig bin ich durch die Gartenarbeit noch nie gewesen. Ganz im Gegenteil. Sie hält mich davon ab, es jemals zu werden.

Mein Garten ist für mich nach wie vor ein Abenteuer, eine Herausforderung. Er hat mir Grenzen und Möglichkeiten bewusst gemacht. Meine und die des Gartens. Zum Glück für uns beide mehr Möglichkeiten als Grenzen. Er hat mich vorausschauen gelehrt. Und den Blick über den Tellerrand. Auch, dass ich nicht allein auf der Welt bin. Dass sich nicht alles um mich drehen kann. Veränderungen zu verkraften und mit Verlusten umzugehen ist schwer und oft traurig. Verantwortung und Flexibilität – ohne die geht es nicht. Nur im Garten?

Aber die Spannung, die Lebensfreude im und durch den Garten, sind sie nicht großartig? Allein das beglückende Gefühl, angesichts des vollendeten Gartens. Der, bei näherer Betrachtung, so vollendet ja gar nicht ist. Was man glücklicherweise in solch einem Moment der Selbstzufriedenheit nicht merkt.

Trost, Kraft und Ruhe werden Sie im Garten finden. Je nachdem, was Sie gerade am Nötigsten brauchen. Vor allen Dingen, er ist da, wenn er gebraucht wird. Er gibt bedingungslos neue Lebenskraft, neuen Mut und die Fähigkeit, das Positive zu sehen. Im Leben außerhalb und innerhalb des Gartens. Diese Liste könnte ich noch eine Weile fortsetzen. Es gibt noch so vieles, womit uns der

Garten bereichert. Und für jeden von uns wird etwas ganz Persönliches im Vordergrund stehen.

Wir müssen immer etwas haben, worauf wir uns freuen können. Um glücklich und zufrieden zu sein. Das können die kleinsten Dinge sein. Es wird Ihnen kaum schwerfallen, sich auf eine Kreuzfahrt zu freuen. Doch wie oft machen Sie eine? Selbst wenn das zwölfmal im Jahr für Sie zum Programm gehören sollte, irgendwann hat es nicht mehr den Reiz des Neuen. Außerdem könnten Sie dann kein aktives Gartenleben führen. So viel Alleinsein verkraftet kein Garten.

Nein, es sind die kleinen Freuden: das erste Schneeglöckchen, ein Veilchen an unvermuteter Stelle, junge Meisen auf Entdeckungstour, ein hoffnungsvoller Sämling. Apropos Sämling: Paradoxerweise neigt man mit zunehmenden Jahren dazu, Pflanzen aus Samen zu ziehen. Ich habe das schon einmal erwähnt. Das Alter ist in der Zeit, in der es eigentlich ein Thema sein sollte, eigenartigerweise überhaupt keins. Die momentane Freude, das Glücksgefühl heute, ist viel wichtiger. Mein Motto lautet, frei nach dem französische Mediziner und Nobelpreisträger Alexis Carrel: Ich möchte meine Jahre mit Leben füllen, nicht mein Leben mit Jahren."

Das heißt, ich versuche im Jetzt zu leben – glücklich und zufrieden. Und aus jedem Tag das Beste zu machen. Jedem Tag ein bisschen Glück, einen schönen Augenblick abzugewinnen. Auch nicht nur in der Vergangenheit zu schwelgen. Lieber die Zukunft vor Augen zu haben. Egal, wie lange sie noch eine sein wird. Sehr zutreffend finde ich ein Sprichwort aus Uganda:

„Die beste Zeit, einen Baum zu pflanzen,
war vor 20 Jahren.
Die nächstbeste Zeit ist jetzt."

Mit anderen Worten: Zu spät ist es nie im Garten. Es lohnt sich immer, jederzeit, etwas Neues in Angriff zu nehmen. Es lohnt sich für den Garten, wenn wir kreativ sind. Nichts hasst er mehr und bekommt ihm weniger, als Stagnation. Es lohnt sich für uns. Macht uns glücklich und zufrieden.

Gertrude Jekylls Worte, die Worte einer großen, begnadeten englischen Gartengestalterin, möchte ich an den Schluss setzen. Schöner und treffender könnte man es nicht sagen:

„*Die Liebe zum Garten ist ein Same, der, einmal gesät, nie wieder stirbt, sondern weiter und weiter wächst – eine bleibende und immer voller strömende Quelle der Freude.*"

Einige Pflanzen auf die Schnelle

Abelia × *grandiflora*, Großblütige Abelie. Laubabwerfender, niedriger Strauch. Zahlreiche kleine Blütchen, duftend. Blütezeit: zeitiges Frühjahr.

Acer japonicum 'Aconitifolium', Japanischer Feuerahorn. Laubabwerfender Baum. Spektakuläre Herbstfärbung.

Buxus, Buchs. Immergrüner Strauch mit kleinblättrigem Laub und unscheinbaren Blütchen. Hervorragend geeignet für kleine geschnittene Hecken oder als Kugeln geschnitten. Leider seit einigen Jahren durch den Buchsbaumzünsler stark gefährdet. In der Gartengestaltung kaum durch ein anderes Gehölz zu ersetzen, am ehesten noch durch *Sarcococca* (siehe dort). Oder durch kleinblättrige Arten von Ilex, zum Beispiel *Ilex crenata* 'Stokes'.

Camellia, Kamelie. Immergrüner Zierstrauch mit exquisiten Blüten im Frühjahr, Herbst oder Winter. In meinem Garten haben sich folgende Sorten besonders bewährt: *C. japonica* 'Shirobotan' (kann bei längeren frostfreien Perioden schon im Winter blühen); noch früher ist 'Nobilissima'. *C. sasanqua* 'Kenkyô', eine sogenannte herbstblühende Kamelie, und die Ackerman-Hybride 'Winter's Snowman', die im Spätherbst bis zum Frost blüht. Etwas Besonderes ist die Hybride 'Cornish Snow', mit kleinen, aber sehr zahlreichen Blüten über viele Monate hinweg. Nicht für das Freiland geeignet, aber besonders reizvoll ist 'Quintessence' mit ebenfalls kleinen Blüten über mehrere Monate hinweg und dazu noch herrlich nach Honig duftend.

Choisya ternata, Mexikanische Orangenblume. Immergrüner Strauch, mit frischgrünem Laub, blüht einmal üppig im Frühjahr und nochmals leicht im Herbst. Duftend. Sehr attraktiv auch die Hybride 'Aztec Pearl' mit schmalem, dunkelgrünem Laub.

Citrus limon, Zitrone. Ein laubabwerfender Strauch für einen großen Topf und für den sonnigsten Standort im Garten. Man braucht aber einen Ort für eine frostfreie Überwinterung. Verleiht dem Garten ein mediterranes Flair.

Clematis armandii 'Snowdrift', Clematis, Armands Waldrebe. Immergrün mit dunkelgrünem, attraktivem Laub; kann, wenn es frostfrei ist, schon im Februar/März blühen! Erfordert allerdings einen klimatisch bevorzugten Standort. *C. chinensis* blüht im Herbst.

Colchicum autumnale 'Alboplenum', Herbst-Zeitlose. Zwiebelpflanze. Die Blüten bilden sich aus der nackten Erde. Gefüllte weiße Blüten.

Convallaria majalis, Gewöhnliches Maiglöckchen. Staude. Die Sorte 'Fortin's Giant' ist besonders schön und himmlisch duftend. Vorsicht: Alle Pflanzenteile sind giftig!

Corydalis ochroleuca, Lerchensporn. Immergrüne Staude mit sehr filigranem, farnähnlichem Laub und weißen bis cremefarbenen Blütchen. Sehr dankbar. *C. flexuosa* hat ultramarinblaue Blütchen.

Cyclamen hederifolium 'Album', Alpenveilchen. Staude. Blüht im Herbst. Weiß.

Dictamnus albus var. *albus*, Diptam. Staude. Der „Brennende Strauch" trägt seinen Namen zu Recht: Bei besonders günstiger Witterung kann man an ihm mit einem

Streichholz eine kleine Flamme entzünden, die einen wunderbar rauchigen Duft verströmt.

Dregea sinensis, Dregea. Kletterpflanze für einen sonnigen Platz an einem klimatisch bevorzugten Standort. Vermittelt mediterranes Flair.

Fothergilla major, Federbuschstrauch. Laubabwerfender Strauch, besonders schöne Herbstfärbung.

Fragaria vesca, Kultur-Wald-Erdbeere. Siedelt sich an geeigneten Standorten durch die Vögel von selbst an und verwildert üppig. Schöner Bodendecker. Absolut pflegeleicht. Schmackhafte kleine Früchte.

Galanthus nivalis, Kleines Schneeglöckchen. Zwiebelpflanze. Blüht im Winter. 'S. Arnott' ist eine besonders schöne Sorte. *G. woronowii* hat attraktives, breites Laub.

Hedera helix, Gewöhnlicher Efeu. Bodendeckende Kletterpflanze. Geht im Alter in die Altersform 'Arborescens' über, die im Herbst blüht; man kann sie auch direkt kaufen.

Helleborus niger. Christrose, Schwarze Nieswurz. Blüht im Winter und bringt Licht ins Dunkel.

Hepatica nobilis var. *japonica* 'Suien', Leberblümchen. Staude. Sehr edel. Weiße, gefüllte Blüten. Die Blütchen von 'Rubra plena' sind rosenrot.

Hosta, Funkie. Staude mit attraktivem Laub. Meist lila blühend. Für schattige und halbschattige Standorte.

Hydrangea quercifolia 'Snowflake', Eichenblättrige Hortensie. Laubabwerfender Zierstrauch. Prächtiges Laub und attraktive Blütenstände.

Iris reticulata 'Violet Beauty', Kleine Netzblatt-Iris oder Winteriris. Staude. Blüht im Spätwinter.

Lagerstroemia × *fauriei* 'Natchez', Lagerströmie. Großer Strauch oder kleiner Baum. Sehr edel. Blüht weiß. Sehr späte Blütezeit (Spätsommer/Herbst). Winterhärter als die bekanntere *L. indica*.

Lilium candidum, Madonnen-Lilie. Zwiebelpflanze. Besonders edel. Weiß. Duftend.

Liriope. Staude. Klein, herbstblühend.

Lonicera × *purpusii* 'Winter Beauty', Winterblühendes Geißblatt. Laubabwerfender Strauch. Duftend, im Winter!

Mandragora officinarum, Alraune. Staude. Giftig. Wurde als Heil- und Zauberpflanze verwendet.

Nandina domestica, Himmelsbambus. Immergrüner Zierstrauch, wenig bekannt.

Paeonia suffruticosa. Strauchpäonie. Halbstrauch mit prächtigen Blüten. 'Renkaku' mit besonders schönen weißen Blüten. 'Rock's Variety' besonders attraktiv.

Parthenocissus tricuspidata, Wilder Wein, Jungfernrebe. Laubabwerfende Kletterpflanze, extrem starkwüchsig. Besonders schöne Herbstfärbung.

Primula-vulgaris-Hybride 'Dawn Ansell', Primel. Staude,

frühjahrsblühend. Gefüllt, weiß. Ähnlich: 'Double White' und 'Alba Plena'.

Rhododendron, Rhododendron. Immergrüner Zierstrauch, „Azaleen" auch laubabwerfend. Besonders schöne Sorte: 'Sarled'. Früh blühend (können bereits im Februar blühen): 'February Dawn', zart lilarosa; 'Praecox', hell lilarosa. Sommerblühend: 'Sommerduft', weiß, rosa überhaucht; 'Imbricatum', hell violett. Herbstblühend: 'Herbstgruß', weiß mit weinrotem Fleck; 'September-Flair', sattgelb. Sehr niedrig (20 cm): 'Wren', reingelb; 'Alpine Gem', zart rosaviolett. Groß: 'Eskimo', zartlila, weiß und grüngold; 'Macarena', gelborange.

Ribes laurifolium, Johannisbeere. Immergrüner Zierstrauch. Wächst besonders langsam und eher in die Breite. Entzückende grünlichweiße Blütchen im Februar. Keine Früchte.

Rosa, Rose. Laubabwerfender Strauch. 'Schneewittchen': eine beliebte Beet- oder Strauchrose, je nach Schnitt, halbgefüllt; *R. moschata*: eine kletternde Wildrose, spätblühend, duftend; 'Rambling Rector' (weiß) und 'Veilchenblau' (lila): Ramblerrosen; 'Popcorn': eine weiße Miniaturrose, die kleinste Rose der Welt; 'Anne-Marie de Montravel': eine entzückende kleine Polyantharose; 'Marie Bugnet': eine weiße, duftende *Rugosa*-Rose.

Sanguinaria canadensis f. *multiplex* 'Plena', Blutwurz. Entzückende, weiße, gefüllte frühjahrsblühende Staude.

Sarcococca hookeriana var. *humilis*, Fleischbeere. Immergrüner Strauch, winterblühend mit sehr kleinen, unscheinbaren Blütchen, die intensiv duften. Wächst sehr langsam und ohne Schnitt kugelig.

Schizophragma hydrangeoides, Spalthortensie. Sehr langsam wüchsige Kletterpflanze für schattige Standorte, ähnlich der Kletter-Hortensie, aber im Laub und in den Blütenständen edler; auch für kleine Gärten geeignet.

Styrax obassia, Storaxbaum. Großer Strauch oder kleiner Baum, laubabwerfend. Wunderschöne Blüten im Frühjahr, großes, frischgrünes Laub, schöne Herbstfärbung.

Trillium grandiflorum 'Snowbunting', Dreiblatt. Frühjahrsblühende Staude, weiß. Rarität.

Viburnum tinus, Immergrüner Schneeball. Immergrüner Strauch, blüht im Winter. *V.* × *bodnantense*, laubabwerfend, blüht im Spätwinter.

Wisteria floribunda 'Alba', Glyzine, Blauregen. Kletterpflanze, laubabwerfend, üppig blühend. Sehr lange Blütentrauben, weiß. Duftend. *W. brachybotrys* 'Shiro Kapitan' hat schöne, kurze Blütentrauben, intensiv duftend.

Adressen, die Ihnen weiterhelfen

Deutschland
Baumschulen G. D. Böhlje
Oldenburger Straße 9, 26655 Westerstede
Tel. 04488-9986-0, www.boehlje.de
Umfangreiches Gehölzsortiment, besonders Rhododendren, viele Raritäten.

RosenPark Dräger
Freiacker 1, 61231 Bad Nauheim-Steinfurth
Tel. 06032 92527-0, www. rosenpark-draeger.de
Großes Angebot an Rosen, insbesondere moderne Rosen und Stammrosen.

Baumschule H. Hachmann
Brunnenstr. 68, 25355 Barmstedt (Holstein)
Tel. 04123 2055, www.hachmann.de
Spezialist für Azaleen und Rhododendron.

Albrecht Hoch
Potsdamer Str. 40, 14163 Berlin
Tel. 030 8026251, www.albrechthoch.de
Spezialist für Blumenzwiebeln.

Baumschule Huben
Schriesheimer Fußweg 7, 68526 Ladenburg
Tel. 06203 9280-0, www.huben.de
Großes Sortiment, einschließlich Duftpflanzen, exotischen Kübelpflanzen, Rosen und Kamelien.

Kordes Rosen
Rosenstraße 54, 25365 Klein Offenseth-Sparrieshoop
Tel. 04121 48700, www.kordes-rosen.com
Bedeutende deutsche Rosenschule, hat unter vielen anderen 'Schneewittchen' gezüchtet (1958). Umfassendes Sortiment moderner Rosen.

Rosenhof Schultheis
Bad Nauheimer Str. 3–7, 61231 Bad Nauheim-Steinfurth
Tel. 06032 92528-0, www.rosenhof-schultheis.de
Älteste deutsche Rosenschule, alle Gruppen von Rosen, insbesondere historische Rosen und Ramblerrosen. Klettergerüste.

Vierländer Rosenhof Jan D. Janßen
Kirchwerder Hausdeich 182, 21037 Hamburg
Tel. 040 72370763, www.vierlaender-rosenhof.de
Hervorragendes Angebot an Duftrosen.

F. M. Westphal Clematiskulturen
Peiner Hof 7, 25497 Prisdorf
Tel. 04101 74104, www.clematis-westphal.de
Großes Angebot an Clematis.

England
P. de Jager & Sons Ltd.
Church Farm, Ulcombe, Maidstone, Kent
ME17 1DN, Großbritannien
Tel. +44 1622 840229, www.dejager.co.uk
Spezialist für Zwiebelpflanzen.

North Green Snowdrops / North Green Only
Stoven, Beccles NR34 8DG, Suffolk, Großbritannien
www.northgreensnowdrops.co.uk
Spezialist für Schneeglöckchen.

Niederlande
Plantentuin C. Esveld
Rijneveld 72, 2771 XS Boskoop, Niederlande
Tel. +31 172 213289, www.esveld.nl
Großes Angebot an Gartenpflanzen, insbesondere an Bäumen und Sträuchern.

F. Theelen en Zonen, Harry Theelen
Elmpterweg 51, 6042 KJ Roermond, Niederlande
Tel. +31 475 329361, E-Mail: theelen.vof@wolmail.nl
Spezialist für Immergrüne Magnolien und Lagerstroemia.

Pieter Zwijnenburg jr.
Halve Raak 18, 2771 AD Boskoop, Niederlande
Tel. +31 172 216232,
www.pzwijnenburg.wix.com/pieterzwijnenburg
Großes Angebot an Gartenpflanzen, insbesondere an Bäumen und Sträuchern.

Schweiz
Baumschule Eisenhut
6575 San Nazzaro/Tessin, Schweiz
Tel. +41 91 79518778, www.eisenhut.ch
Überwältigendes Angebot an Kamelien, Glyzinen, Magnolien und Zitruspflanzen.

Weiterführende Literatur

Van den Berk Baumschulen (Hg.) (2015): Van den Berk über Bäume, 2. Aufl. Eigenverlag, Sint-Oedenrode.

Erhardt, W. / Götz, E. / Bödeker, N. / Seybold, S. (2014): Zander. Handwörterbuch der Pflanzennamen, 19. Aufl. Verlag Eugen Ulmer, Stuttgart.

Schultheis, Ch., Urban, H. & K. (2006): Freude an Rosen. Wer möchte die nicht haben? Books on Demand, Norderstedt.

Schultheis, H. (2005): Rosen. Neue Ideen und bewährte Sorten. Verlag Eugen Ulmer, Stuttgart.

Smithers, P. (1995): Adventures of a Gardener. The Harvill Press, London. (Evtl. antiquarisch)

Urban, H. (2006): Ein weißer Garten. Harmonie und Vielfalt, 2. Aufl. Verlag Eugen Ulmer, Stuttgart.

Urban, H. (2006): Taschenatlas. Pflanzen für den weißen Garten. Verlag Eugen Ulmer, Stuttgart.

Urban, H. (2007): Taschenatlas. Blaue Pflanzen für den Garten. Verlag Eugen Ulmer, Stuttgart.

Urban, H. (2009): Faszination Duftkamelien. Books on Demand, Norderstedt.

Urban, H. (2013): Duftgärten. Einfache Pflanzrezepte zum Nachgestalten. BLV Buchverlag, München.

Urban, H. & K. (2009): Kamelien im Garten. Auswählen, pflanzen, pflegen, 3. Aufl. Verlag Eugen Ulmer, Stuttgart.

Urban, H. / Hagen, Th. (2013): Das Gartenbuch für Anfänger. Grundlagen – Pflanzen – Praxis. BLV Buchverlag, München.

Urban, H. / Nickig, M. (2009): Schön, aber gefährlich. Geheimnisvolle Pflanzen im Garten. Books on Demand, Norderstedt.

Quellen der Zitate

Seite 8
„Ewiges ist nicht auf Erden
Als der Wandel, als die Flucht."
Hermann Hesse, aus: „Welkes Blatt"

Seite 18
„Und jedem Anfang wohnt ein Zauber inne (...)"
Hermann Hesse, aus: „Stufen"

Seite 45
„Nichts kommt ohne Interesse zustande."
Georg Wilhelm Friedrich Hegel, deutscher Philosoph,
aus: „Enzyklopädie der philosophischen Wissenschaften
im Grundrisse"

Seite 69
„... des Lebens ungemischte Freude
ward keinem Irdischen zuteil."
Friedrich von Schiller, aus: „Der Ring des Polykrates"

Seite 74
„Wer der Gartenleidenschaft verfiel, ist noch nie geheilt
worden."
Karl Foerster, Staudenzüchter und Schriftsteller,
aus „Es wird durchgeblüht"

Seite 82
„Kaum hat mal einer ein bissel was,
gleich gibt es welche, die ärgert das."
Wilhelm Busch, aus: „Fipps der Affe", in „Bildergeschichten"

Seite 83
„Neid ist die aufrichtigste Form der Anerkennung."
Wilhelm Busch

Seite 84
„Es gibt erfülltes Leben
trotz vieler unerfüllter Wünsche."
Dietrich Bonhoeffer, aus einem Brief an Eberhard Bethge

Seite 88
„Wer Träume verwirklichen will,
muss wacher sein und tiefer träumen als andere."
Karl Foerster, Staudenzüchter und Schriftsteller,
aus „Warnung und Ermutigung"

Seite 96
„Ich weiß mir Bessres nicht auf dieser Welt
als Gift und Geld"
Adelbert von Chamisso, aus: „Die Giftmischerin"

Seite 104
„Ein guter Garten besitzt die Fähigkeit, das persönliche Empfinden auf der Krankheits-Gesundheits-Skala in den positiven Bereich zu verschieben."
Andreas Niepel, seit 2010 Präsident der Internationalen Gesellschaft GartenTherapie

Seite 108
„Jede Blüte will zur Frucht,
Jeder Morgen Abend werden,
(…)
Auch der schönste Sommer will
Einmal Herbst und Welke spüren."
Hermann Hesse, aus: „Welkes Blatt"

Seite 111
„Der Winter ist keine Jahreszeit, sondern eine Aufgabe."
Sinclair Lewis, amerikanischer Schriftsteller,
1930 Nobelpreis für Literatur

Seite 114
„Wer einen Garten hat, braucht weder Fitnessstudio noch Urlaub."
Dr. Fritz Neuhauser, Gartentherapeut, zitiert nach der Sammlung „Spruchweisheiten" der Lenné-Akademie für Gartenbau und Gartenkultur

Seite 123
„Und bist Du nicht willig,
so brauch ich Gewalt."
Johann Wolfgang von Goethe, aus: „Erlkönig"

Seite 132
„Jeder Wunsch, wenn er erfüllt,
Kriegt augenblicklich Junge."
Wilhelm Busch, aus: „Niemals", in „Schein und Sein. Nachgelassene Gedichte"

Seite 134
„Zwar weiß ich viel,
Doch möchte ich alles wissen."
Johann Wolfgang von Goethe, aus: „Faust", 1. Teil

Seite 134
„Wenn ich noch einmal auf die Welt komme, werde ich wieder Gärtner – und das nächste Mal auch noch. Denn für ein einziges Leben wird dieser Beruf zu groß."
Karl Foerster, Staudenzüchter und Schriftsteller,
aus „Warnung und Ermutigung"

Seite 136
„Man bleibt jung, so lange man noch lernen, neue
Gewohnheiten annehmen und einen Widerspruch
ertragen kann".
Marie von Ebner-Eschenbach, aus: „Aphorismen"

Seite 137
„Also lautet der Beschluss:
dass der Mensch was lernen muss.
Nicht allein das A-B-C
bringt den Menschen in die Höh'"
Wilhelm Busch, aus: „Max und Moritz"

Seite 146
„Es steigt der Mut mit der Gelegenheit."
William Shakespeare, aus: „König Johann"

Seite 148
„Good gardening is never easy."
Graham Stuart Thomas

Seite 157
„Man lernt am schnellsten und besten, indem man
andere lehrt."
Rosa Luxemburg

Seite 172
„Die Liebe zum Garten ist ein Same, der, einmal gesät,
nie wieder stirbt, sondern weiter und weiter wächst –
eine bleibende und immer voller strömende Quelle der
Freude."
Gertrude Jekyll, englische Gartengestalterin

Bildquellen

Bariskina/Shutterstock: Titelbild
Neil Burton/Shutterstock: Seite 151
Nickig, Marion: Seite 4, 5, 9, 16, 22, 31, 35, 47, 59, 63, 91, 95, 105, 116, 125, 135, 147, 169, 172/173
Urban, Klaus: Seite 42, 51, 73, 77, 109, 161

Impressum

Die in diesem Buch enthaltenen Empfehlungen und Angaben sind von der Autorin mit größter Sorgfalt zusammengestellt und geprüft worden. Eine Garantie für die Richtigkeit der Angaben kann aber nicht gegeben werden. Autorin und Verlag übernehmen keinerlei Haftung für Schäden und Unfälle.

Bibliografische Information der Deutschen Nationalbibliothek
Die Deutsche Nationalbibliothek verzeichnet diese Publikation in der Deutschen Nationalbibliografie; detaillierte bibliografische Daten sind im Internet über http://dnb.d-nb.de abrufbar.
Das Werk einschließlich aller seiner Teile ist urheberrechtlich geschützt. Jede Verwertung außerhalb der engen Grenzen des Urheberrechtsgesetzes ist ohne Zustimmung des Verlages unzulässig und strafbar. Das gilt insbesondere für Vervielfältigungen, Übersetzungen, Mikroverfilmungen und die Einspeicherung und Verarbeitung in elektronischen Systemen.

© 2015 Eugen Ulmer KG
Wollgrasweg 41, 70599 Stuttgart (Hohenheim)
E-Mail: info@ulmer.de
Internet: www.ulmer-verlag.de
Lektorat: Monika Bönisch
Umschlagentwurf: Verlag Eugen Ulmer
Satz: r&p digitale medien, Echterdingen
Druck und Bindung: Friedrich Pustet, Regensburg
Printed in Germany

ISBN 978-3-8001-1277-7

Hier können Sie weiterlesen.

- Außergewöhnliche Einblicke in das Leben und Gärtnern bekannter und berühmter Gartenprofis
- Mit exklusiven Fotografien der Privatgärten

Wenn man als weitgereiste Chefredakteurin eigentlich schon alles in der Gartenwelt gesehen hat, was inspiriert einen immer wieder neu? Wenn man einen der berühmtesten Sichtungsgärten in Deutschland leitet, welche geheime Passion hegt und pflegt man im eigenen Garten? 18 Reportagen, Lebens- und Gartengeschichten geben Einblick in die Träume und geheimen Leidenschaften bekannter Größen der grünen Branche. Ein Buch voller lebendiger Leidenschaft, grünem Humor, tief wurzelnder Lebensweisheit und ganz persönlicher Gartentipps.

Grüne Leidenschaften. 18 Gartenprofis ins Beet geschaut. Ina Sperl. 2014. 192 Seiten, 160 Farbfotos, geb. mit SU. ISBN 978-3-8001-8266-4.

Ganz nah dran.

Vom Pflanzen suchen und Gartenfreunde finden

- **Persönliche Entdeckungsreise rund um tolle Gärten und ihre Gärtner**
- **Einblicke in eine Welt voll blühender und grüner Gedanken**

Es gibt viele Menschen, die garten- und pflanzeninteressiert sind. Die Frage ist nur, wie geben sie sich zu erkennen? Gibt es untrügliche Anzeichen für Gartenglück und -leidenschaft? In diesem Gartenbuch schreiben zwei langjährige Gartenfreundinnen ihre Gedanken und Erlebnisse auf. Gemeinsam gehen sie durch das Gartenjahr, schauen durch offene Gartenpforten in sehr verschiedene Gärten hinein. Sie begegnen gleichgesinnten Gartenliebhabern, machen allerlei spannende Ent-deckungen und gehen der Frage nach: „Wo und wie finden wir Gartenfreunde?"

Grüne Bande. Von zweien, die auszogen, Gartenfreunde zu finden.
Christiane Büch, Ariane Kaths. 2015. 160 Seiten, 115 Farbfotos, geb. mit SU.
ISBN 978-3-8001-8338-8.

 **www.ulmer.de**

Im Gärtnern liegt ein Schatz verborgen

- Christiane Büch begleitet elf beseelte GärtnerInnen durchs Jahr
- Mit wunderschönen, persönlichen Fotos

Warum macht Gärtnern glücklich? Gärtnern ist mehr als ein Hobby, es ist Leidenschaft. Aber was ist es genau? Warum lässt es uns nie wieder los? Christiane Büch versucht Antworten auf diese Fragen zu finden, lernt dabei viele begeisterte Gärtner und ihre Refugien kennen und hat Freunde fürs Leben gefunden. Das Tagebuch einer Gartenbegeisterten, zum Hineinträumen und Schwelgen.

Gärtnerseelen. Warum Dreck unter den Fingernägeln glücklich macht.
Christiane Büch. 2012. 192 Seiten, 163 Farbfotos, geb. mit SU.
ISBN 978-3-8001-7750-9.

Ganz nah dran.

Ulla Lachauer erzählt ein Gartenleben

- Emotionales Lesebuch einer bewegenden Lebensgeschichte
- Von der Erfolgsautorin Ulla Lachauer
- Trendthema Heimat und Regionalität

Ulla Lachauer erzählt die Gartenlebensgeschichte von Agnes Sester, einer alten Bäuerin aus dem Kinzigtal. 1926 als Bauerntochter geboren, wächst sie von Kindheit an mit einem großen Garten auf. Das Buch erzählt aus ihrem Leben und beschreibt die Rolle, die der Garten darin spielt: von den kindlichen Entdeckungsreisen zwischen Erbsen und Bohnen, ihren Erfahrungen als junges Mädchen, das sich mit jedem Gemüse auskannte und davon träumte einen Bräutigam mit Hof und Garten zu finden, den Schwierigkeiten nach dem frühen Tod ihres Mannes und heute, wenn die Enkel durch den Garten toben.

Der Garten meines Lebens. Die Geschichte der Sesterhof-Bäuerin.
Ulla Lachauer. 2014. 158 Seiten, 144 Farbfotos, mit Fotografien von Bigi Möhrle, geb. mit SU. ISBN 978-3-8001-8259-6.

 **www.ulmer.de**